U0948024

公司靠制度打天下 企业靠落实定江山

王鹏华◎著

中国财富出版社

图书在版编目(CIP)数据

公司靠制度打天下 企业靠落实定江山/ 王鹏华著. —北京：中国财富出版社，2017.1

ISBN 978-7-5047-6248-1

Ⅰ.①公… Ⅱ.①王… Ⅲ.①公司-企业制度-研究 Ⅳ.①F276.6

中国版本图书馆 CIP 数据核字(2016)第 205603 号

策划编辑 刘 晗 **责任编辑** 白 柠

责任印制 方朋远 **责任校对** 梁 凡 **责任发行** 张红燕

出版发行 中国财富出版社

社　　址 北京市丰台区南四环西路 188 号 5 区 20 楼 **邮政编码** 100070

电　　话 010-52227588 转 2048/2028(发行部) 010-52227588 转 307(总编室)

010-68589540(读者服务部) 010-52227588 转 305(质检部)

网　　址 http://www.cfpress.com.cn

经　　销 新华书店

印　　刷 北京柯蓝博泰印务有限公司

书　　号 ISBN 978-7-5047-6248-1/F·2651

开　　本 710mm×1000mm 1/16 **版　　次** 2017 年 1 月第 1 版

印　　张 16 **印　　次** 2017 年 1 月第 1 次印刷

字　　数 245 千字 **定　　价** 39.80 元

前　言

公司靠制度打天下，企业靠落实定江山。

没有完善的规章制度，任何一家公司都注定是一盘散沙——不论是地处北上广深等一线城市的大上市公司，还是坐落在偏远县城的小乡镇公司，一旦失去制度的约束力，那么他们的结局只有一个，就是破产。

当然，若公司有制度而没有强有力的落实能力，那制度只是一个美丽的花瓶，是一件华美的摆设，根本起不到应有的作用。所以，任何一家公司要想基业常青，就必须在建立完善的公司制度的同时，以强大的执行力将制度落在实处。

众所周知，一个公司的发展不可能靠老板每天去盯着员工工作，更不可能是老板每一件事情都亲自过问，如果这样，那这家公司的老板就算是累死，也不可能让公司真正发展壮大起来。但是，有许许多多的老板却喜欢凡事都自己管，他们公司有制度吗？有！他们公司有管理人员吗？也有！可是，这些老板就是喜欢事必躬亲，表面上看是勤奋、能吃苦，但实质上却是对公司制度的不重视甚至是不信任。因此说，这样的公司老板，根本就不适合做公司，因为他就是一个典型的“作坊主”！

一个公司有了规章制度，也就有了一个坚决“按章办事”的老板，可是没有一群坚决落实的员工，那么这些公司制度也只能是一纸空文。试想一下，如果你是一家公司的老板，辛辛苦苦制定出了规章制度，结果员工们就是不好好去落实，你指挥他们往东，他们就是往西，或者原地踏步，那你的公司怎么能够发展起来呢？

竞争激烈的商业市场从来都是一个容不得半点马虎的江湖，而完善的公司制度与到位的执行就是公司的护航舰队，能够让公司这艘船迎风远航的同时，不断地进化，最终由一艘小舢板成为超级巨无霸式的航空母舰。所以，中国互联网公司教父马云发出了这样的感慨：“三流的点子加上一流的执行，强于一流的点子加上三流的执行。而星巴克、麦当劳、通用电气、华为集团等世界一流公司，除了拥有很强的拓展能力之外，不断完善公司制度，坚决执行到位，也是其身上最显著的标签。”

当然，公司的规章制度也不是一成不变的，西方公司在规章制度的探索之路上走过了漫长的岁月，从工业时代的“管理学之父”弗雷德里克·温斯洛·泰勒（Frederick Winslow Taylor）到“现代管理学之父”彼得·德鲁克（Peter F. Drucker），公司管理制度一直是跟随着社会的变迁在发展。因此，每一位公司老板更不能墨守成规，而是要懂得灵活变化，既要讲规则、讲方法，也要有大境界、大格局，如此才能够让自己的公司团队在竞争激烈的商海中不断杀伐，成为一支百战百胜的“铁军”。

目 录

第一章
赢在制度：制度才是公司真正的老板

1. 完善的制度才是公司真正的老板 …………………………………… 002
2. 完善的制度是企业经营的基本保障 ………………………………… 005
3. 没有制度，一切都会乱套 …………………………………………… 007
4. 规章制度——公司高效发展的奠基石 ……………………………… 009
5. 及时完善公司制度 …………………………………………………… 011
6. 规章制度不能形同虚设 ……………………………………………… 014
7. 任何人情都大不过制度 ……………………………………………… 016
8. 制定规章制度，必须全员参与 ……………………………………… 019
9. 管人要让制度说话 …………………………………………………… 023

第二章

没有纪律，一切的规章制度都是“花瓶”

1. 要为公司创造遵守制度的“严肃环境” …………………………… 028
2. 遵守纪律，不要把制度当花瓶 ………………………………………… 031
3. 特殊时期，也可以“法外开恩” ………………………………………… 034
4. 决不做员工的好兄弟，更不能让“马屁精”得逞 ……………… 037
5. 执行制度，必须严格 ……………………………………………………… 039
6. 纪律是公司团队的生命 …………………………………………………… 042
7. 处罚一定要用事实说话 …………………………………………………… 045
8. 搞懂“纪律”的真正含义 ………………………………………………… 048
9. 学会告诫，才能收到实效 ………………………………………………… 051

第三章

赏罚分明的老板才是决胜千里的好统帅

1. 恩威并重：左手大棒，右手胡萝卜 ……………………………… 056
2. 惩罚不是最终的目的 ……………………………………………………… 059
3. 不做压榨型老板：别总是让员工付出 …………………………… 062
4. 制度一定要合乎人性 ……………………………………………………… 065
5. 老板必须修炼的几项“惩罚艺术” ………………………………… 068
6. 奖惩一定要有度 …………………………………………………………… 071
7. 赞美太多有时候也会坏事 ………………………………………………… 074

8. 建立合理的薪酬制度 …… 077
9. 给优秀员工“意外奖励” …… 080

第四章

消除抱怨才能够让公司制度落实到位

1. 抱怨是杀死公司的利刃 …… 084
2. 不要总是让员工做令其尴尬的事情 …… 087
3. 学会化解员工心中的怨恨 …… 090
4. 要注意做好员工满意度调查 …… 093
5. 老板必须是一个公正的裁判 …… 096
6. 让员工懂得：抱怨不如实干 …… 099
7. 做一个会倾听的老板 …… 102
8. 处理不满情绪时要注意什么 …… 105

第五章

责任制胜：落实到位的关键就是要让责任到位

1. 工作，生命可以承受之重 …… 110
2. 用 100%的工作热情做 1%的事 …… 113
3. 唯有责任才能让能力展现最大价值 …… 116
4. 落实为先，利润为后 …… 118
5. 工作中引入价值管理 …… 121
6. 做人力资本，不做人力成本 …… 123

7. 落实责任没有小事 …… 126
8. 要“全力以赴”不要“尽力而为” …… 128
9. 提高时间的含金量 …… 131

第六章
只要结果：没有结果的落实都是对制度最大的讽刺

1. 坚决的落实来自“结果心态” …… 136
2. 用结果证明自己：一流员工的不二法则 …… 139
3. 用结果获利是公司的经营目的 …… 142
4. 用结果证明自己是员工的天职 …… 144
5. 要说结果，更要做出结果 …… 147
6. 承诺了就要努力去实现 …… 149
7. 员工执行力差是老板的错 …… 152
8. 一分钟也不拖延，立即行动 …… 155
9. 成功者在于管理自己，而非别人 …… 158

第七章
老板是制度的最好宣传员，决不让制度只挂在墙上

1. 落实制度的第一步是广泛宣传 …… 162
2. 树立典型，发挥榜样的引导力量 …… 165
3. 不怕职务低，就怕觉悟低 …… 168
4. 留住员工的心，才能留住人 …… 171

5. 有了制度不执行，比没有制度更可怕 …………………………… 174
6. 让员工知道你的期望 ………………………………………………… 177
7. 让制度成为团队生活的重要部分 ………………………………… 180
8. 激发员工崇尚遵守制度的荣誉感 ………………………………… 182

第八章

绩效考核：让员工将制度落实进工作的每一个角落

1. 没有监督就没有落实 ……………………………………………… 186
2. 成为主抓落实的“检察官” ………………………………………… 188
3. 把工作分析的考核功效发挥到最大 ……………………………… 191
4. 量化考核的工作才有意义 ………………………………………… 193
5. 人一闲着，就会出问题 …………………………………………… 196
6. 考核离不开员工的参与 …………………………………………… 199
7. 合理合法地用好电子监控 ………………………………………… 202
8. 抓好授权后的追踪工作 …………………………………………… 205
9. 走出绩效考核的误区 ……………………………………………… 208

第九章

大数据时代：养成用数据说话的好习惯

1. 数据化管理开启企业的顶尖商业模式 ……………………………… 212
2. 制度离不开表格管理 ……………………………………………… 214
3. 用工作进度表鼓舞干劲 …………………………………………… 217

4. 如何对员工进行量化评估 …… 219
5. 用数据为员工明确方向 …… 222
6. 数据模式让企业放心对员工授权 …… 224

第十章

高效执行：没有速度的落实就是空谈

1. 落实拼的是速度和效率 …… 228
2. 高效执行力是沟通出来的 …… 230
3. 快速行动是成败关键 …… 233
4. 管理效率是最重要的 …… 235
5. 用奖惩制度激发员工执行力 …… 237
6. 绝对服从才有高效执行 …… 239
7. 追求成果，创造收益最大化 …… 241
8. 在平凡的岗位上尽好本分 …… 243

第一章
赢在制度：制度才是公司真正的老板

如果你认为员工只有一个老板那就错了，一家企业真正的老板正是公司的制度，须知完善的规章制度可以帮助企业实现劳动用工的规范化管理。国有国法，家有家规，为了加强管理，每一家企业都制定了完善的规章制度，以达到促进企业发展壮大、提高经济效益的目的。相反，不完善的规章制度很容易导致劳动争议，很大程度上会给企业带来麻烦。所以，老板们要想“打江山”和“定江山”，那就必须为企业建立良好的规章制度。

1. 完善的制度才是公司真正的老板

从某种意义上讲，制度才是公司真正的老板，坚持用规章制度管理公司，就能够改“人治”为“法治”，从而不断提升公司竞争力，最终一往无前问鼎天下。

当乔布斯率领他的“苹果军团”一路冲杀的时候，手机行业帝国的老大诺基亚、摩托罗拉开始在一片哀叹声中轰然倒地；当马云率军开始在这个互联网行业高速发展的大时代里成为电商领头公司之时，无数的实体店、实体连锁销售商开始头破血流地倒在了一片血腥之中……也许，此时的你会说，诺基亚、摩托罗拉的猝死是因为他们的公司创新力不足，大批的实体店、实体连锁销售商被马云领衔的电商们“揍”得鼻青脸肿是因为他们没有做到与时俱进。

毫无疑问，你的答案是正确的。但是，你也必须接受这样一个铁一般的事实，那就是他们的公司制度出了问题。试想一下，如果诺基亚、摩托罗拉等已经倒下的巨头公司有着强大的公司创新制度，他们又怎么会在短0有着顺应时代潮流的公司发展制度，又怎么会成为“马云们”的手下败将呢？

所以说，公司真正的生命力，公司真正的老板，就是公司制度——那些曾经在商海中叱咤一时的公司，之所以会在一夜之间就土崩瓦解，关键就是公司制度出了问题，就像一个一直在蓝天中快速飞翔的飞机，在动力系统开始老化的时候却不知道更新与升级，一味地沉浸在过去的辉煌之中，结果在外面看上去依旧辉煌的时候却悄然走上了下坡路，一旦遇上强力对手的打击便会一头栽向地面。

在一个公司之中，公司管理者通常都需要处理好两类重要的关系：

A.员工–公司

员工与公司在很多时候都是对立与统一的关系。员工的个人发展与公司息息相关，员工做得好，公司就会发展壮大，公司发展壮大了，员工的发展前景就会更广阔。可是，员工与公司的发展往往又是具有一定冲突性的，员工希望公司发放更多的薪水与福利，自己的工作越来越轻松，工作环境也越来越好。而公司呢？大多数的老板们都希望员工拿一份钱干出十份活儿来，这样公司的利润就会越来越大。

B.公司–客户

同样，公司与客户之间也是对立与统一的关系。客户们总是希望用很少的钱买到性价比最高的产品，公司老板们总是希望每一件产品的利润都能实现最大化。当然，客户们在得到满意的产品与服务之后，会更加地信赖公司，会购买更多的产品与服务，而公司在得到客户们良好的回馈之后会更加用心地去做好产品与服务。

遗憾的是，很多公司都没有搞清楚这两类关系，总是做出错误的决策，最终使公司陷入了发展的困境之中。事实上，要解决这个问题并不难，那就是让制度当老板，只有制度才能够让公司处理好与员工、客户之间的平衡关系—— 一个员工该得到什么样的工作回报，制度说了算；一件产品、一项服务该获得多少利润，让制度去定价。

因此，只有当公司老板们懂得用制度去“发号施令”，用制度去“决策”的时候，才能够将自己内心深处的“唯利是图”关进笼子里，从而让公司的发展迈进正常的轨道，不断产生强大的竞争力，最终永葆基业常青。

【管理箴言】

每一位公司老板都应该明白：靠人不如靠制度！糟糕的公司制度会让老板们总是疲于奔命、四处救火，优秀的公司制度就能够让公司不断壮大、日益强盛。要想将公司发展起来，老板们就必须相信制度，要清楚制度的重要性，不要总是依靠“人治”而不相信“法治”。不管你是一个“作坊主”，还是一个“大老板”，无论何时都必须承认：完善的制度才是公司真正的老板，因为只有完善的制度才能够有效化解各种管理中的弊端，促使老板们做出正确的决策，同时让这些决策落实到位！

2. 完善的制度是企业经营的基本保障

企业发展的基础条件是什么？答案是企业管理。毋庸置疑，只有制定完善的制度，才能对公司进行管理，企业管理是企业经营的基本保障。因此，企业规划的第一步并非公司的整体规划，而是要制定既合理又高效的管理制度。

什么是企业成功的王道课程？被许多人誉为“营销女皇”的格力 CEO（首席执行官）董明珠曾经说过：“管理才是企业赖以生存的根本！”她的一番话可能会让大家对企业的正常运作有一番新的认识，董明珠认为：在管理企业的时候谈论“人性”是一种形而上的东西，而在管理层面上根本不存在柔性的东西，公司的规范制度是不允许任何人打破的，公司的每位员工包括自己在内，都必须按照制度去约束自己的行为，不能随意对其进行改变。

企业的管理必须以一套合理的规章制度为核心，没有制度的企业就会形成相当混乱的局面。试想，如果公司的管理无章可循，没有企业文化，员工想怎么做就怎么做，想说什么就说什么，那么这样的企业想要在未来得到发展，是相当困难的。那么，为什么我们说完善的制度是企业经营的基本保障呢？

(1) 完善的制度引导员工行为。企业的制度是企业文化的一个重要组成部分，甚至比企业的“硬件”建设还要重要。完善的制度规定员工的工作范围、约束其行为、避免员工在工作范围之内出现纰漏，这样一来能提高公司的管理水平，让员工有更多的精力去提升业务能力和范围，创造更多的成绩。

(2) 完善的制度保障财产物资安全。没有规矩，不成方圆。如果公司的规章制度不完善、不严谨，甚至是没有一个完整的体系的话，很有可能会因为规章制度产生撞车的情况，这样一来势必会增大内耗，员工们的总体效率下降，公司业务得不到发展。同理，完善的规章制度更会避免和减少劳动纠纷的发生。

(3) 完善的制度有益于企业文化的塑造。完善的公司制度会给员工传递这样一个信号，真正在管理员工的从来不是老板的个人意志，而是公司完善的制度。而对于制度的遵循，却恰恰是由人的文化程度、道德程度和理念来决定的。唯有和企业文化相融合，企业的管理制度才有可能帮助企业达到均衡发展的目的。

(4) 完善的制度有助于提升企业形象。一个企业的规章制度越是完善，则企业的管理水平越高，说明企业的管理非常规范，社会对企业的评价也就越高。在现代社会，这是企业的一种无形财产。

【管理箴言】

在人们长期的互动中，对所有人都有利的行为规范或制度逐渐形成。制度，乃是集体的最佳决策。当然，不是每一种制度都是包治百病的，唯有正确理解制度的内涵，才不会令员工陷入制度的陷阱中。

企业管理规章制度的作用是显而易见的，但是这并非意味着企业仅仅有规章管理制度就已足够。完善的规章制度可以帮助员工进行自我激励、约束，往往在这个过程当中，员工的行动才会真正地对企业产生更加正向的作用。

3. 没有制度，一切都会乱套

年底奖金，有的员工得到的多，有的员工获得的少，这是为什么？

销售部门，签单多的受罚，签单少的却得到了奖励，这是为什么？

员工犯错，惩罚总经理比惩罚部门经理多，这是为什么？

……

在以上的例子当中，面对同样一件事情，是什么造成了结果的差异呢？答案是：一个团队、一个企业和一个公司的规章制度。

做公司也是在做人，管理团队也是在管理人，凡事都必须以人为本，可是凡事都必须按照游戏规则去执行，否则，不单单是奖惩的程度没有制度，没有制度，团队何来执行力？公司的一切业务都会乱套。

在企业中，制度的作用非常重要。我们常说的“企业管理”谈论的核心是什么？企业管理既不是在管理员工的福利待遇，也不是在管理企业的季度业绩，而是以员工的执行力为核心的制度本身。

当一个企业的战略、流程和制度等规则都没问题的时候，症结便是在“执行”上面。提到“执行”，大家都喜欢把企业执行力的过错全部归咎于基层管理者或者是某个员工的身上。而事实上，这些基层具体执行者成了不折不扣的“冤大头”。

于是，为了提高员工的执行力，老板和高层请来专家、教授、培训师为员工们讲解有关执行力的课程，可是一轮轮的课程下来，课程费花了不少，企业的问题还是没有得到根本的解决。

其实，只要认真思考为什么员工执行不力，便可窥探究竟是不是员工真的懒惰才导致一系列深层次的问题。往往只要稍加观察，便可发现团队执行不力、不到位，表面上看来的确是员工的过错，员工没有做到位，但是只要仔细观察、分析和比较，就会发现：导致基层人员执行力很差的根本原因乃是企业的管理制度出了问题。

为什么老板和公司高层宁愿花费昂贵的课程费，也不愿意思考更深层次的解决办法呢？那是因为这些老板或高层从内心深处根本不愿意通过审视制度本身来改变企业的制度，让制度向着更加合理、合法和合情的方向去规范和发展，更不愿意自己带头去遵守那些制度。在他们看来，自己完全可以凌驾于这些内部制度之上。因此，如果企业始终不能首先从制度上进行调整，而是盲目地鼓励员工、要求员工“没有任何借口”地执行，久而久之，就出现了制度与员工的行为相背离的现象。试想一下，单位的制度不完善，一切业务和部门都会乱套，那么这家企业还怎么发展，奢谈更加远大的目标呢？

【管理箴言】

制度是一切的根本，如果一个企业没有好的管理机制、激励机制，员工为什么努力呢？每天上班的意义又是什么呢？作为管理阶层，需要清晰地认识一点，那就是制度是发展的根本，没有制度就意味着员工少了被约束的条件，如果大家不共同遵守办事规程或行动准则，那么整个企业是不可能向着预期目标前进的！

4. 规章制度——公司高效发展的奠基石

一位炮兵军官上任之后，到下属部队视察操练的情况，发现几个部队在操练的时候都会出现一个共同的情况：在操练的过程中，总有几个士兵从始至终都站在大炮的炮筒之下纹丝不动。炮兵军官非常不解，经过询问才得到答案：操练的条例就是这样规定的。这是怎么一回事？

原来，条例因循的是用马拉大炮时代的规则，当时站在炮筒下的士兵们的任务是拉住马的缰绳，以免大炮发射之后因后坐力太大产生距离的偏差，以此达到减少再次瞄准时间的目的。现在的大炮当然不再需要这样一个角色了，可是条例却没有及时调整，因此才出现了不拉马的士兵。

从上面这个小故事我们得出结论，企业需要管理，而且作为企业管理的基石——制度，也要及时调整，这样才能让企业提高效率，更快地发展。如果将每一家公司比喻成一个庞大的机器的话，那么每一位员工就是这部机器上的一个个小零件，唯有他们爱岗敬业，公司这个机器才能得以良性运转。要达到企业的良性运转，管理是必不可少的，规章制度也是提高效率的重要一环。

一个木桶能够盛多少水，木桶木板的长短并不是关键所在，木桶的容量完全取决于木桶桶箍的好坏与所箍的位置。唯有用好的桶箍对木桶进行合理的规范和约束，木桶的木板才能紧密地连接在一起，形成一个完整的整体，抵御外力的碰撞。这样一来，木板才能最大限度地发挥作用，保证内部的水压不会让木桶产生缝隙。

如若不然，木桶盛水稍多或所受外力稍大，就很可能出现裂缝。这样，即便组成木桶的木板质量再好、再长，又能发挥什么样的作用呢？因此，我们说桶箍才是制约木桶能否盛水、能盛多少水最根本、最关键的因素。

企业中的管理制度就是木桶的桶箍，而且是提高效率的关键所在。要知道，在公司的日常运转中，公司的各项资源应该怎样配合，又该如何应用，怎样才能提高整个公司的效率，完全是由管理制度所决定的。只有从管理制度入手，建立完善的管理制度，形成一定的管理体系，公司的各项资源才能得以有效地发挥，才会创造更高的效率，甚至是缔造广阔的发展空间和坚实的基础。

【管理箴言】

我们常说：没有规矩，不成方圆。规章制度完善的公司势必会得到更为广阔的发展，有规定必须先执行规定，出了问题之后，追究责任的时候也要先看看是否按照规定执行。

有效的外部制度环境是影响小企业制度效率的一大重要因素，在制定公司制度的时候，应该以企业的发展和效率的发挥为前提，促进企业的发展。

5. 及时完善公司制度

现在我们知道，制度是企业运营的法规性保障，很难想象没有制度的企业会乱成什么样子。可是，在现实当中，我们所见到的制度不是过于完美，就是过于呆板。

有的公司花了很长的时间，制定出一本厚厚的制度，可就是执行不下去，员工们都不买账。这是为什么？因为这些看似“完善”的制度只是纸上谈兵，理论上非常丰满，而实际上根本不接地气，可以说毫无用处可言。那么，什么样的制度才是合理的？合理的制度是“理论+企业利益+可执行”的规章制度。想要制定一部切合公司利益的规章制度，就要求企业的老板阶层要付出一切代价去完善公司的制度，力求让其完全为公司服务。

一部完善的公司制度应该满足两个因素，即既适用于企业的实际情况，又能最大限度地激发集体的创造潜能。做到前者已经非常不容易了，如果能做到后者就更难了！唯有从实际利益出发，及时发现制度当中的问题，然后不断完善，才能让企业得到更好的发展。

想要做到这一点，首先要做的就是改变狭义思考制度的角度，这里的

“狭义”是什么意思呢？即我们经常看到一些企业的制度当中关于“惩罚”的条例非常多，可是关于“奖赏”的却微乎其微，这便是“狭义”的角度。须知，虽然制度带有一定的约束性，但是其必须拥有激励的作用。

当然，中国人不太喜欢被人约束，即便上级老板从帮助、提携的角度出发，来管理他的下属。这其中，就需要一定的策略。制度同理，唯有让员工看到除了“惩罚”之外的“奖赏”，让员工们深感公司制度的公平和完善，他们才会心甘情愿地遵照制度工作。

这一点，就是制度当中需要完善的部分。这样看来，除了在制定制度的时候，企业要从自身实际情况出发，在制度的实施过程中，一旦发现不断完善制度的空间，更要及时完善，这样才能保证公司的规章制度得到正常的实施和起到相应的作用。

制度的推行并非一件简单的事情，因为它关系到各部门、各员工的方方面面，因此在完善制度的过程中，要秉承科学性、合理性的原则。一套制度的出台和实施并非简单的事情，一定要科学合理，才能让员工接受。制度的约束对象是员工，因此在完善制度的过程中，必须要在对实际工作了解的基础上，认真征求广大员工的意见，再开展制度讨论。这样一来，完善后的制度才能更加有的放矢地约束员工，制度才能更加利于企业的管理。

为了完善公司的规章制度，企业和员工要经常对现行制度进行全面的梳理，认真总结制度建设工作的现状，针对不合时宜的制度内容，提出相应的整改措施，不断完善各项管理制度。这样做的目的是，完善后的制度作为公司的日常工作规范，约束公司上下员工的工作行为，明确职工遵守或者违反规定的奖励惩罚措施。制度使企业平稳、流畅和高效地运营，在此基础上，更起到防患于未然的作用，让企业不战而屈人之兵。只有不断地完善制度上的纰漏，才可使企业胜券在握。

【管理箴言】

管理公司依靠制度，制定制度却不能单纯地靠“想”，而是要在企业平时的运作当中及时发现其中不切合实际的部分，对于那些的确不适应公司形势发展要求的制度，公司的老板不能墨守成规，应该及时修订、完善或废除，确保制度不脱离实际。

6. 规章制度不能形同虚设

1998 年大年三十这一天，万科集团上海分公司的一个销售主任，飞到深圳总部要“讨说法”，这是怎么一回事？

原来，这位销售主任在不久前被解雇了，他此行就是想要投诉上海分公司违反人事制度。这位销售主任和总部刚刚派去的销售经理发生了一场严重的工作冲突，销售经理在征得一同派来的正、副总经理同意之后，将这名销售主任解雇了。在一些公司当中，这本来是一件非常平常的事情，可是在万科却不同。万科的人事制度有规定：如果基层管理者在工作中犯了错误，首先是降职；如果降职之后，该员工表现仍然不好，才可以将其辞退。公司经过调查表明，上海高层确实违反了人事制度中的解聘流程。但是销售经理却要挟：如果总部撤销辞退员工的决定，他就辞职。

易地而处，如果这件事发生在其他的公司，很有可能会保留销售经理，要知道销售经理比销售主任为公司做出了更大的贡献。可是，万科的董事长王石最终做出的决定让所有人都非常诧异：上海公司管理层收回成命，销售主任改为降职降薪，接受销售经理辞职的事实。

这个决定看似出人意料，实则又在意料之中。因为，万科是一家制度和流程高于一切的公司。其企业文化和价值观也是“忠实于制度”“忠实于流程”，而并非忠实于某个人。

故事始终是一个缩影，或者是一个片段，而隐藏在故事背后的道理才是真正的管理关键。王石的决定看似让大多数人大跌眼镜，却用实际行动维护了万科流程的严肃性，更表明他对公司制度和流程的重视。

现代企业唯有采取规范化、制度化管理才能保障企业的健康发展。可是，在现实工作中，很多企业的确制定了非常完善的制度，却形同虚设。只有大家都遵守制度，按照流程执行了，公司的基础才能得以夯实，才能得到可持续发展。

员工和公司永远是一荣俱荣、一损俱损的关系，这就要求每一位员工都要把公司的利益当成自己的利益，扎扎实实地去执行公司的各种制度和流程，努力为公司的发展打好基础。

想要公司的规章制度不形同虚设，必须对员工进行制度化的管理。即对于已经建立的多套管理制度，企业要积极营造按照规章制度执行的氛围。制度化管理并非“一个巴掌”，还需要和人性化管理结合起来，双管齐下才能发挥其真正的作用。在制度的建设中考虑人性管理的因素，就是为了在日后的制度中体现一定的措施来调动职工的情绪，才有可能真正提高公司全体员工的积极性，制度才能因此被真正有效地执行，这是每一个企业发展之路上的一项重要工作。

【管理箴言】

成功地管理企业或者团队，并不能单纯地依靠公司的规章制度，还需要在日后引导员工去执行。在执行制度的时候，公司应加强指导和帮助，及时解决执行过程中出现的问题。制度并非形而上的冷酷教条，而是应该作为一项重要的学习内容，同时还是激励员工自觉学习的制度。这样才能让制度“物尽其用”，打造高效的执行团队。

7. 任何人情都大不过制度

站在全球范围的角度来看，管理企业的模式主要分为“美国式管理”和“中国式管理”。前者管理的核心特征是制度，即以制度治理企业的典范；后者管理的核心特征是人情，即人情治理企业的样板。

长久以来，人们称赞美国式管理“更有效”，美国本土涌现出那么多大企业，坊间都将其根源定位在美国一直良好地运用了美国式的管理。与这种声音相反的是，很多人认为还是中国式管理比较好，虽然起步晚，但是中国式管理仍然占据重要地位。

公司，本来就是一个工作的场所。因此，要严格遵守整个公司的规章制度。无论遭遇何种人情，都不能撼动规章制度的主导地位。试想一下，一旦人情和规章制度混淆在一起，公司的所有事务就很有可能朝向人情的一方去发展，那么公司的规章制度就如同纸上谈兵、形同虚设，公司势必会出现问题。

那么，这又是为什么呢?

第一，感情无法称量。我们知道，在每位员工的心里都有一杆秤，感情的投入和得到的回报，一旦称量的度量衡不一致，就会产生问题。第二，每一家公司的商业组织、整体架构都不尽相同，工作上出现了矛盾，解决的办法对得起“感情”，往往就对不起“制度”。企业运作是一个分工协作的过程，每个岗位都应该各司其职，每一位员工都做好自己分内的事，企业才能达成最终的目标。在这个过程中，员工和员工之间，员工和团队之间，部门和部门之间，岗位和岗位之间，上级和下级之间……往往都存在着不可避免的矛盾和冲突：

上级希望下级上班勤勤恳恳、下班加班加点，全身心地交给单位；

下级希望上级上班提高效率、下班不要加班，尊重个人休息时间。

销售部门希望尽量压缩交货周期，这样可以争取到更多的客户；

生产部门希望尽量延长交货周期，最大时限组织安排生产工作。

团队希望按照流程来管理个人，追求团队的利润；

个人希望更加自由地完成工作，个人空间无束缚。

……

人们永远站在各自的立场思考问题、进行工作，因此照顾了制度就不能顾及个人的感情，尊重了个人的感情势必是对规章制度的挑衅。其中的解决之道，就是企业管理必须平衡人情和制度。

公司制定规章制度的目的是调动员工积极性、开发员工潜力，无论是国企还是私企，这都是一条亘古不变的条例。在严格的规章制度面前，员工会显得过于消沉；人情是工作关系的“润滑剂”，但人情过了头，员工势必会出现不积极工作的情况。但是，无论怎样，都要尊崇制度为主、人情为辅的管理方法，这样才能让员工们在既紧张又活泼的工作氛围之中，最大限度地实现自我，为公司做贡献。

【管理箴言】

制度和人情永远是每个企业所要面对的两个对立面，想要充分发挥制度的力量，必须以人情作为纽带。想要让制度更加精准地落实，需要以制度为主、人情为辅，在遵守制度的前提之下才能讲人情。

制度执行之前，须向被执行者讲清制度存在的必要性、制度执行的坚决性和制度所需要遵守的强制性，以情讲理，员工才会更容易接受并自觉遵守企业的规章制度。制度为弓、人情为箭，张弓射箭，才能为企业开辟一条成功之路！

8. 制定规章制度，必须全员参与

三国时，曹操下令，官兵在经过麦田的时候不能践踏庄稼，于是士兵们都下马用手扶着麦秆。他们就这样，一个接着一个地，小心地走过麦地，没有一个敢践踏麦子。老百姓看见了这样的官兵，没有一个不称颂的。更有甚者，望着官军的背影，跪在地上拜谢。

曹操正在骑马赶路，忽然，田野里飞起一只鸟儿，惊吓到了曹操的马。他的马一下子蹿进田地，踏坏了一片麦田。

曹操马上叫来随行官员，要求治自己践踏麦田的罪行。官员说："怎么能治丞相的罪呢？"

曹操说："如果我不遵守我亲口说的话，还有谁会心甘情愿地遵守呢？"说罢，曹操抽出腰间的佩剑要自刎，众人连忙拦住。

就在这个时候，大臣郭嘉走上前，对曹操说："古书《春秋》上记载，法不加于尊。丞相统领大军，重任在身，怎能自杀呢？"

于是，曹操用自己的剑割断了自己的头发，说道："那么，我就割掉我的头发代替我的头吧。"

作罢，曹操又派人传令三军：丞相践踏麦田，本该斩首示众，因为肩负重任，所以割掉头发替罪。

剪头发本是一件稀松平常的事，可是，古人却认为：头发是从父母那里继承来的，随便割掉不仅大逆不道，更是不孝的表现。作为封建社会的政治家，曹操能够割发代首，严于律己，实属难能可贵。

制定规章制度，必须全员参与，老板也不例外。古代的曹操就曾以“割发代首”树立遵守制度的榜样，以古鉴今，现在的很多企业都会制定完善的规章制度，老板首先要起带头作用。因为，只要老板严格遵守了，自然会对员工产生正向的影响和带领的作用。一个合格的老板必须严格地要求自己，因为唯有如此，从自身做起，才能让员工们心服口服，服从老板的安排和指挥。

员工们的心理都是一样的，公司制定了规章制度，如果老板都做不到，凭什么来指挥自己呢？有这样的心理无可厚非，所以老板一定要严格遵守制度，这样才能使员工遵守。与此同时，要将制度的完善和执行作为公司的一项基础工作，长期关注。

规章制度是管理和被管理之间的“游戏规则”，需要包括老板和员工在内的所有人自觉遵守。规章制度是公司经营的准绳和纪律，要求其必须具备使人服从的约束力，换言之，制度必须是严肃的。

公司每一项制度的推行和实施，均需要依靠每位员工的努力。虽然公司的制度具有一定的约束性，但是更需要大家自觉地遵守和执行，任何无视甚至是违反制度的行为，都要根据其性质和情节受到相应的处罚。唯有全员参与到规章制度的执行当中，才能彰显规章制度的效力。

但现在的很多企业里，规章制度绝大多数都是由老板制定的，甚至具体到某一条业务标准也是由企业老板制定的，这似乎已成为一种习惯，但这种做法存在着几个问题：第一，老板可能对现场作业流程并不了解；第二，老板不可能制定出系统的管理规范，如部门间的衔接和权责问题，而这是部门与部门之间互相踢皮球的关键原因；第三，有些老板对“现在是什么”

可能比较了解，但对于“应该是什么”，也就是如何改变才更富有效率比较模糊。

鉴于以上这些方面的原因，企业老板要从企业中抽调一些不同部门、不同层次的人来制定规章制度，并确定一个将来执行规章制度操作管理的人来共同参与其中，这样制定出的规章制度就比较规范且容易进行具体的操作实施。

从根本上说，有效的规章制度的制定是不断摸索的过程，同时也是总结经验、发现问题并及时补救、不断完善的研究过程。因此，管理规范设计首先要考虑各种影响和制约的因素，包括组织目标、竞争环境、法律政策约束、内部经营条件、内部传统经验、业务流程、生产类型、产品市场、人力资源情况、技术系统条件等，因为管理规范设计就是要在这种令人眼花缭乱的内外环境中进行。

基于以上各方面因素的综合考虑，在制定规章制度的人员安排方面，企业老板应该与一些管理咨询专家共同对企业进行一次深入的了解，在进行管理诊断后，再由管理咨询专家和企业同人共同设计管理的规范。

为什么要请管理咨询专家来设计呢？第一，这样能保持管理规范制定过程中的独立性，容易突破组织中的既得利益，不计情面地推动管理规范的制定；第二，作为专业的管理顾问，他们更清楚如何做才能更好；第三，他们看到的是整个经营系统，而不只是单个环节或部门。

但是，管理咨询专家有不了解企业具体情况的缺点，所以，管理咨询专家成功的服务依赖于其深入地了解企业以及和企业员工共同努力。

具体而言，企业在规章制度的建立和实施中必须注意以下几点。

(1) 明晰制度的设计思路。按职能、企业结构、管理标准进行明晰的管理方案的设计。这样既能按做什么、谁来做、怎样做、做的标准、做错做对谁来管这一顺序进行管理，又把责任具体安排到了每一位责任人的头上。

(2) 制定管理标准。制定标准的重点是在流程设计和接口分析的基础上制定各类管理标准。毫无疑问，职能的承担者是组织机构，而组织的正常运转要靠一系列的运行机制加以保证。管理标准是运行机制的主要内容。

(3) 将经常性的工作标准化。将经常性的工作进行管理规划，制定一个系统的管理标准，这样有利于处理老板与下属、企业与员工、员工与客户之间的关系。一般而言，管理标准主要包括业务标准、工作标准和作业标准，其主要内容是：职能（工作）范围、职责权限、业务流程、业务接口、工作承担者、工作完成好坏的标准与考核条件、业务进行的条件，以及业务中发生纠纷的仲裁等。

(4) 保证规章制度的实际意义和全面性。制定管理规范是为了更有效地理顺企业内部的关系，促进企业的长远发展。

因此，标准制定是否合格，要看：

第一，是否所有的接口（业务衔接点）都已经反映在标准中。

第二，是否都将以往工作中出现的矛盾、扯皮等问题的解决办法纳入了标准。

第三，每个部门和岗位做什么和怎样做的问题是否都在标准中明确了。

【管理箴言】

规章制度是企业和员工的行为准则，对于劳资双方同等重要。在执行制度的过程中，必须全民参与，应建立部门、员工之间相互监督的制衡机制，唯有如此才能有效提高制度的执行力。如果制度相当完善，可是在执行的部分效果不好，是非常不利于公司继续发展的。

此外，渡过制度最初的执行磨合期，制度的执行还需要定期进行检查，并非每项制度都可以轻松执行下去，必须先实际运用，然后根据企业的效果来继续执行。

9. 管人要让制度说话

在强调“奉献”的公司里，其规章制度当中就应该多一些反对私利的内容；

在强调“沟通”的公司里，其规章制度当中就应该多一些反对自我封闭的内容；

在强调“创新”的企业里，其规章制度当中就应该多一些反对故步自封的内容；

……

公司的每一项规章制度都是服务于员工的，只要秉承这个理念，管人的时候让制度说话，才能让每一位员工都心服口服。这就需要在制定制度的时候，确立服务员工的理念。那么，怎么才能做到呢？

（1）每条制度要言简意赅。在制定公司规章制度的时候，尽量让每一条规章制度都能言简意赅，这样一来每位员工都能很快看明白，只有他们记住和理解了，才会在日后的工作中严格遵守。即使犯了错误，遭到上司的批评和惩罚，也有章可循。永远记住，制度是用来管人的，制度是最高的，没有什么东西能够超越制度。

(2) 有罚必有奖。在很多公司的规章制度里，惩罚的条例很多，但基本找不到奖励的制度。这是非常不公平的，对于那些善于思考的员工来说，很可能会因此想着如何找个新的工作而选择离开。

事实上，想要成功管理一个团队，要求公司的规章制度站在公平的角度，有惩罚、有奖励才能让员工深感公平，这样一来就不会因为被惩罚而消极怠工，而是会为了奖励更加努力地去扮演自己在职场上的角色。否则，只有惩罚没有奖励，怎么能够通过制度来管理员工呢?

(3) 不断完善制度。制度是用来管理公司和员工的，因此并不是一成不变的，否则就是不折不扣的形而上学的形式主义了。我们每天打开电脑，电脑里的杀毒软件每天都会更新，因为每天都会有新的病毒对我们的电脑构成威胁。企业也如此，它所面临的市场环境是不断变化着的，因此公司的团队、企业组织也相应地处在变化的状态当中。这就需要管理者不断完善制度，才能在管理员工的时候，有的放矢地进行约束，否则拿什么制度来约束和管理员工呢?

(4) 薪酬激励合理。所有的制度都是为了管理员工，让其更加努力地工作。在这个管理的过程中，薪酬可谓员工努力程度的量化体现。薪酬机制一直被视作企业人力资源管理中最大的政治，为了有效地支持企业经营发展战略目标的实现，优秀的企业一定要始终遵循一定的薪酬激励管理理念，即企业整体薪酬水准向职位价值最高、综合素质最好、工作业绩最突出、全国市场稀缺度最高的员工倾斜，这样做的目的，正是让那些员工面对制度的时候，更加严格地遵循。在进行管理的时候，有的时候不需要老板说话，制度自然而然地就发挥了一定的管理作用。

【管理箴言】

坊间一直流传，西方的企业制度是“杀人”的，你干得好自然会在企业中占有一席之地，做得不好自然要面临被辞退的境地。在西方的企业当中，制度自然而然地承担了管理员工的作用，帮助企业优胜劣汰。很多时候，用制度来说话比老板进行管理更加行之有效。

公司靠制度打天下
企业靠落实定江山

第二章

没有纪律，一切的规章制度都是“花瓶”

孟子曰：“离娄之明、公输子之巧，不以规矩，不能成方圆。”荀子曰：“故木受绳则直，金就砺则利。”纪律就是一个企业团队的灵魂，没有共同的奋斗方向，没有共同遵守的行为规范，就不可能打造一支有着钢铁纪律的企业团队。所以，对于公司老板们来说，必须注重员工们纪律性的养成，更不能将规章制度当作“花瓶”。

1. 要为公司创造遵守制度的“严肃环境”

为了让企业里的员工更好地了解、接受并身体力行地遵守规章制度，公司老板首先要创造一个严肃的纪律环境，并确保这种纪律意识能够渗入员工们的潜意识中，这对督导和促进员工们的工作是相当重要的。要想创造这样的环境，就要从以下几点做起。

(1) 公司老板要乐于自律。中国有句话说，善为人者能自为，善治人者能自治。要想在激烈的竞争中得到发展，老板必须要有自律意识，身体力行，以身作则，这样才能调动企业里其他人的工作积极性。

(2) 实行纪律约束要一碗水端平。企业老板要根据每一位员工的个性、特点制定出一个标准，找出个别差异，实行管理，并且在管理中一碗水端平，不偏袒任何一方。

(3) 拿正反典型教育员工。利用报告会、演讲会、座谈会等形式，有针对性地对员工进行正反典型教育。这样可以更好地教育员工，防患于未然。

(4) 广泛宣传。以各种方式对公司的规章制度进行宣传，员工只有熟悉了公司的规章制度，才会自觉遵守。

(5) 保持镇定。无论违规行为多么严重，你都应该保持镇定，不能失控，切记千万不要对员工大发雷霆。

(6) 调查了解。在你行动之前，在你做任何事情之前，你必须搞清楚发生了什么问题，以及员工为什么这样做。

(7) 私下处分。但有一个例外，那就是员工在其他人面前公开与你作对时，你必须迅速果断地当众采取行动。记住，处分的目的在于教育，而不是惩罚。因此，你应该向你的员工表示你相信他们会改正错误。在执行纪律处分后以积极的调子跟员工谈话，将有助于消除员工苦恼和怨恨的情绪。

另外，对于公司老板们来说，创造遵守制度的“严肃环境”，就必须坚持原则，有人违反了规章制度就要毫不留情——真正实施起来，就必须落实在行动中。而具体行动的核心则是与违纪员工进行面对面的交谈，下面是几条必备步骤：

(1) 陈清事实。明确地告诉员工，他们的违纪行为造成了什么样的后果，让他们认识到其严重性。

(2) 要求员工对违纪做出解释。大部分人不会痛快地承认自己的过失，这有助于你进一步了解情况。

(3) 要求员工提出解决方案。你可以让他站在老板的角度上向他提出解决意见，这样会让他更理解你。

(4) 确定解决计划。你可做一些有效的商讨——不是争吵，确定出一个切实可行的补救计划方案。

(5) 进行惩罚。口头警告，书面警告，或是别的什么方式都可以，但不要忽略这一环节。

(6) 要求再次检查。确定的补救计划不能就这么石沉大海，你需要知道它到底执行得如何。

按规矩办事，必须遵循一定的步骤。在对违纪员工进行惩罚的时候，不能因为他们犯了错就按个人想法处理，实施惩罚也要按规矩来。

【管理箴言】

要对员工进行有效的纪律约束，就必须不断增强管理者的自律意识，努力培养员工遵守纪律的自觉性，只要企业内部上上下下团结一致，人人都养成遵章守纪的良好习惯，企业就会形成一股强大的合力，就能够在市场经济的大潮中立于不败之地。

2. 遵守纪律，不要把制度当花瓶

在现代社会，许多企业都制定了成套的管理制度、规章标准，大到厂规厂纪，小到领物规定、作息规定，不可谓不完善。如果这些制度都能真正地执行和贯彻下去，这对企业绝对有着莫大的助益。

但是，现实中可以看到这样一种情况：有些企业的规章制度很多，然而只是一些“花瓶”，是在图一种形式，是给人看的，是为了得到上级的一句表扬，是为了得到参观者的一句美言，这些制度只挂在墙上，只装订成册，却不准备实施。

毫无疑问，即便规章制度制定得再多、再全、再完善，如果仅仅是摆设，反而会产生负面作用。而且，许多企业在经营管理中失误或失败的事实也说明，规章制度形同虚设是企业经营失败的一个十分重要的原因。

某公司财务处发现财务室被撬开，墙边的保险柜被打开，柜内的 20 万元现金被席卷一空。而这笔款是公司第二天急需的购料款。然而令人不解的是，该公司失窃的保险柜是国内最先进的保险柜之一，柜子上面配有报警、电击和密码装置，并且密码系统由电脑控制，还能产生电击。试问：这样的保险柜盗窃分子是如何得逞的呢？

原来，使用保险柜的出纳是个“马虎精”。虽然公司对于财务室的保卫制定了一整套的规章和制度，但是这位出纳却视而不见。在他看来，那保险柜确实不错，然而使用起来过于麻烦，于是便将它长期弃置了。直到不久前，他不小心将旧保险柜的钥匙弄丢了，才想起来把这闲置的先进“家伙”从角落里请了出来，由于他怕遭电击，便不接电源；怕忘记了密码，就按数字的大小顺序编了1~6的号码；怕丢了钥匙，索性把钥匙扔在办公室的抽屉里。结果，窃贼作案时从他的抽屉里取出保险柜钥匙和使用说明书，随便研究了一下，便轻易地打开了保险柜，旋即抱走了柜中的20万元现金。

失窃后，公司第一时间就报了案。虽然最终犯罪嫌疑人被抓获归案，然而该公司在短时间之内却没法筹集到购料所需的资金，从而被迫停产，最后因不能按时交付订单而失去了商机，一个巨大的客户被同行夺去了。

从上文看出，这家公司的败局是由公司的员工没有很好地贯彻规章制度而造成的，不过归根结底，还是由于公司的管理者没有严格地执行管理制度造成的。大家不妨做这样一番设想，如果该公司认真落实有关管理制度，不断地对财务室进行监督和定期检查，可能就不会发生这样的失窃事件了。

有法不用，要法何用？执法要令行禁止，社会治安才稳定；管理要令行禁止，企业才有生存的希望。令行禁止，法律才有尊严，规章才有效力，老板才有权威，队伍才有战斗力，才会战无不胜，否则充其量只是一群乌合之众，稍有挫折就会作鸟兽散。南宋初年的岳家军之所以能成为一支抗金主力，与其一直执行严明的军纪密不可分，以至于在金军中流传着这样一句话：“撼山易，撼岳家军难。”另外一个典型的例子就是三国时期的诸葛亮挥泪斩马谡的故事。马谡与诸葛亮于公于私关系都很好，但马谡丢失了战略要地街亭，诸葛亮最后还是按律将其斩首，维护了军心的稳定。

严明的制度和纪律不仅是维护团队整体利益的需要，在保护团队成员的根本利益方面也有着积极的意义。例如，某个成员没能按期保质地完成某项工作或者是违反了某项具体的规定，但他并没有受到相应的处罚，或是处罚根本无关痛痒。从表面上看，这个团队非常具有亲和力，而事实上，对问题的纵容会使这个成员产生一种“其实也没有什么大不了”的错觉，久而久之，遗患无穷。如果他从开始就受到规章制度和严明纪律的约束，及时纠正错误的认识，对团队及其个人都是有益的。

所以说，遵守纪律将制度真正地贯彻和执行下去对企业及其员工都是一件大好事。

【管理箴言】

纪律就是规矩。国内外著名的企业都高度重视“法治”，都有健全合理的规章制度和执法机制。例如，日本东芝公司的电子产品之所以“容光焕发、姣美可爱”、备受世人欢迎，一个重要的原因就是对超净工作间有苛刻的净化要求：女工严禁擦粉，男工必须刮净胡子，操作时绝对禁止说话、咳嗽、打喷嚏，以防空气振动，扬起尘埃。美国格利森齿轮机床厂有十分严格的安全制度，只要进入车间，不论是去干活还是路过，都必须佩戴安全眼镜，穿硬底皮鞋，并把领带掖在衬衫里面，如果不遵守安全制度，就要受到很严厉的处罚。可以说，这些企业之所以会成为优秀的企业，关键就是没有让制度成为“花瓶”，培养出了一批又一批遵守纪律的好员工。

3. 特殊时期，也可以“法外开恩”

杨明是某外资企业的一名文案，他所在的公司一贯秉承“美国式管理”来管理整个企业。美国式管理以“法”为重心，强调个人价值、沿革的制度、理性决策技术和追求最大限度的利润等。虽然公司有一套相当完善甚至近乎残酷的规章制度，但是面对公司丰渥的福利待遇，杨明每天也都战战兢兢的，生怕触碰到哪一条规章制度而被炒鱿鱼。

半个月之前，杨明的奶奶身体抱恙，一直住院，杨明总是请假去医院照顾。杨明所在的单位对员工每个月的假期有严格的规定，请假时间“超标”的杨明前两天被人力资源部门的主管通知下周办理离职手续。

这让杨明非常意外，自己这个月的确请了几次假，但那也是情有可原的，为什么公司这样不近人情呢？拿着自己个人物品的杨明，在回家的路上一直没有想明白这是为什么。

一提起“公司的规章制度的纪律性”，许多人脑海里就会浮现出这些词语：冰冷、强硬、绝对不能触碰……认为它是企业的低级形态，一旦触碰就会被企业淘汰。其实这种看法很片面，无论是发达国家还是发展中国家，无论是外企还是国企，制度都是企业管理中非常重要的一环。制度是约束员工行为的法则，的确也是不可触碰的。可是，在特殊的时期，也可以“法外开恩”，毕竟法律面前还有人情，何况是公司的规章制度呢？

事实上，在企业管理中，需要平衡人情和制度。人有两条腿，任何一条腿出现了问题，路都走不快。企业管理也是这样，一味严格地按照制度来管理员工并不是管理的上策。这是为什么呢？

迟到，哪怕只有一分钟，也要扣钱。

加班，不到制度规定的时间，没有加班费。

制度，约束下级，不约束上级。

……

在那些积极推行制度化管理的公司，会不会出现以上的问题呢？

按照制度规定，犯错、工作不达标……的确应该受到相应的惩罚，一切要以制度说话。可是每名员工的内心都有一杆秤，长此以往，员工的积极主动性势必会严重受挫，缺失安全感。

的确，坊间早有传闻，以制度化管理的美国式管理企业要比中国式管理的企业发展好、前景好、未来不可限量。可是，法外还有情呢，何况是公司的规章制度的纪律性。一味地科学严密地有效运行公司的规章制度，让员工在纪律面前一点错都不能犯，很有可能导致人才流动快、企业运营“呆板”、流程不严密等不得不重视的管理难题。最终的结果，势必会脱离企业成立之初的理念。

【管理箴言】

在很多人看来，“纪律”和“恩情”是不可调和的一对矛盾体，执行纪律就必须严苛，不能讲恩情；讲恩情的话，就必须游离于纪律之外。其实这种想法带有一定的片面性——纪律与恩情是可以协调互补的，而且可以起到更好的效果。

公司的规章制度的确可以保证公司有条不紊地运转，纪律是一把尺，是公司的方向标，但是，由于各种各样的原因，员工的行为总是会跟制度发生碰撞，在这种情况下，一味地执行纪律是不够的，更需要科学地“讲恩情”，唯有如此才能让公司更加有效地向前发展。

4. 决不做员工的好兄弟，不能让“马屁精”得逞

跟员工只讲兄弟不讲上下级关系的人是江湖大哥，而不是合格的公司老板，因为这样的老板带不出有着钢铁纪律的优秀团队。

作为公司的老板，想要汇集优秀的人才就必须要有老板的样子，那就是要做员工的好老板，决不做员工的好兄弟。因为，一旦身为公司老板的我们和员工之间的距离太近，就会使得员工产生“咱是老板的好兄弟咱怕谁”的不良心态，从而影响公司团队建设。

一般来说，公司老板们和员工称兄道弟会对公司发展产生以下几个危害：

(1) 当公司老板们和员工经常称兄道弟之后，就会使得员工产生自满心理，觉得自己是公司中不可或缺的人，从而在工作中瞧不起其他同事，甚至也会慢慢变得不尊重老板。

(2) 当公司老板和员工的距离过近之后，就会使得公司老板在用人过程中出现“政策倾斜”的现象，重用与自己关系近的员工，而不是取人以才，严重之时还会干扰公司的用人原则。

（3）当公司老板与员工走得过近时，往往会使得自己的权威受损，不利于维护自己的权威，因为“近则庸，疏则威”。

另外，公司老板与员工走得太近，还会让那些“马屁精”得逞，给公司的纪律性带来不小的恶劣影响。几乎任何一家公司中都有“马屁精”，他们习惯说奉承话、习惯投老板所好，总是希望利用溜须拍马的手段谋求升职加薪，而不是靠脚踏实地的努力付出去赢得光明的前程。

所以，作为公司老板，要想让公司保持凝聚力和纪律性，就必须认清谁是“马屁精”，千万不要上他们的当。因此，公司老板们在发现这一类员工之后，一定要采取相应的措施。

（1）对付那些喜欢溜须拍马且无多大工作能力的员工，最直接的方法就是“请君离席”。毫无疑问，这种只懂得溜须拍马却没有多少能耐的员工，是最应该被淘汰的员工。

（2）对于那些喜欢拍马屁但却又有一定能力的员工，最好的做法就是给他们找一个合适的工作岗位。很明显，这类员工直接辞退太过可惜，委以重任又不太放心，那么不妨找个适合他们的岗位吧，实在不行等有了合适的接替人选再换掉他们。

（3）对于那些喜欢溜须拍马但却有过人能力的员工，最应该做的就是要小心对待，在不影响其工作情绪的前提下，处处加以戒备才能放心使用这一类员工。

【管理箴言】

有句俗语说得好：“阎王爷决不和小鬼称兄道弟。”公司老板与员工保持合理的距离，可以减少员工对自己的恭维与奉承，有利于保持清醒的头脑，从而在识人、用人之时做出正确的决断。另外，公司老板们还要注意，不要让“马屁精”搞昏了头，关键就是要让自己养成拒绝阿谀奉承的好习惯——当“马屁精”们没有机会去溜须拍马的时候，他们就会选择认真工作或者是跳槽去一个可以一展其“拍马屁”才华的地方。

5. 执行制度，必须严格

制度管理是一个企业成功的根本。任何一家企业都应该有相应的管理制度，约束其日常经营活动。没有纪律约束的制度只会让企业陷入混乱无序的困境，造成企业内部资源的无谓浪费。

有制度就必须执行，执行必须秉承严格的理念，违反制度必须要严格惩处，不能“缩水”，更不能“放水”——没有纪律保证的制度形同虚设。这就要求企业从内到外都要强化树立纪律意识，时刻秉承“纪律面前无特权、纪律约束无例外”的纪律理念，这是企业执行纪律的基础。

在一个制度体系当中，从制度的职能上划分，制度主体可分为制度的制定者、制度的执行者和制度的遵循者。但是从制度规范的对象来看，在一个制度架构当中的所有人都是“制度的遵循者”，换言之，制度的遵循者包含制度的制定者和制度的执行者。一般来说，一个公司的管理者是制度的制定者，相关的职能部门构成了制度的执行者。可是，制度的制定者和制度的执行者，都不能把自己置于制度的遵循者之外。这是为什么？一些制度的制定者认为，自己所制定的制度就是为了管别人，在自己的潜意识中他们将自己置于制度之上。相对应的，一些制度的执行者将制度作为手中去管别人的“工具”，他们也将自己置于制度之外，因而出现了制度的制定者、制度的执行者不遵守制度的现象。事实上，无论是谁，都必须严格地执行制度。

在建立制度的基础上方可对公司进行管理，无论是在一个什么样的公司，制度制定的目的都是为了执行。否则，这个制度等同于无效。事实上，制度就是一个公司成员间的“信用”，如果每个人都不能严格地执行，或者是对其随意地破坏，那么在这个公司的员工们心中，管理层俨然早已丧失了“信用”。

这就要求在制定制度之前，应该多花费时间考虑制度的合理性，与此同时也要考虑其可执行性。制度是工作规范的“导航仪”，更是企业的核心。没有工作规范，没有制度，没有流程规定，一旦所有的员工都由着自己的想法和方式工作，就打乱并分散了企业的运行能力，是无法形成一个核心团队的，又怎么打造很强的竞争力呢?

当然，在执行制度的过程中，要防止出现过度的“人情”。实际上，合理的人情可以被视作公司制度的衍生文化，即在制度的基础上，预备了人性化管理的受理窗口，可以解决制度没有规定的、突发的、紧急的、必需的人情管理，并且对其中某些诉求制度化。

可是，过度的人情是不可取的，人情只能是暂时的、偶尔的、一次性的手段。如果某种人情被日常化、习惯化，那就成了不成文的制度，不成文的制度是相当危险的。

综上所述，一定要按制度执行，但是要以制度的合理性为前提。以制度为框架，才能保证公司运作的系统性、完整性和和谐性。

【管理箴言】

企业管理的范畴很大，包括企业通过计划、组织、控制和激励等环节来协调人力、物力和财力资源，以期更好地达成组织目标的过程。这就构成了公司的规章制度，制定规章制度为的就是全员执行，发挥其效力。在制度实施的过程中，每一位员工都是制度的遵守者，唯有严格地执行公司的每项规章制度，培养遵守纪律的好员工，才能充分发挥员工的效力。

6. 纪律是公司团队的生命

管理一个公司团队，最重要的就是纪律。与纪律相比，其他的一切都是第二位的。

20 世纪 70 年代，日本伊藤洋货行的董事长伊藤雅俊突然解雇了“战功赫赫”的岸信一雄。这在日本商界引起了不小的震动，就连舆论都用轻蔑尖刻的口吻批评伊藤。

人们都为岸信一雄打抱不平，指责伊藤过河拆桥，将三顾茅庐请来的一雄解雇是因为他的东西全部被榨光了，已没有利用价值。在舆论的猛烈攻击下，伊藤雅俊却理直气壮地反驳道：“纪律和秩序是我的企业的生命，不守纪律的人一定要处以重罚，即使会因此降低战斗力也在所不惜。”

事件的真相到底是怎样的呢？

岸信一雄是由东食公司跳槽到伊藤洋货行的。过去伊藤洋货行是从衣料买卖起家，食品经营比较弱，因此伊藤才会从“东食公司”挖来一雄，因为东食公司对食品业的经营有着比较丰富的经验。于是有能力、有干劲儿的一雄来到伊藤洋货行，宛如为伊藤洋货行注入了一剂催化剂。

事实是，一雄的表现也相当好，贡献很大，十年间将业绩提升数十倍，使得伊藤洋货行的食品部门呈现出一派蓬勃的景象。

但从一开始，一雄和伊藤的工作态度及对经营销售方面的观念即呈现极大的不同，随着时间的发展，裂痕越来越深。一雄属于海派型，非常重视对外开拓，常支用交际费，对员工也放任自流，这和伊藤的管理方式迥然不同。

伊藤是走传统、保守的路线，一切以顾客为先，不太与批发商、零售商们交际、应酬，对员工的要求十分严格，要他们彻底发挥能力，以严密的组织作为经营的基础。伊藤当然无法接受一雄豪迈粗犷的做法，他因此要求一雄改变工作态度，按照伊藤洋货行的经营方法去做。

对此一雄根本不加理会，他依然按照自己的想法去做，而且业绩依然不错，甚至有飞跃性的增长，充满自信的一雄就更不肯修正自己的做法了。他说：“一切都这么好，证明这路线没错，为什么要改？”

如此，双方意见的分歧越来越严重，终于到了不可收拾的地步，伊藤只好下定决心将一雄解雇。

这件事情不单是人情的问题，也不尽如舆论所说的，而是关系着整个企业的存亡。对于最重视秩序、纪律的伊藤而言，食品部门的业绩固然持续上升，但是他却无法容许“治外法权”，如此持续下去会毁掉过去辛苦建立起来的企业体制和组织基础。从这一角度来看待这一事件，伊藤的做法是正确的，纪律的确是不容忽视的。

古代统帅带兵打仗，从来都以军纪为约束军队、提高战斗力的关键。统帅向来以严明的军纪来约束士兵，主张军队之中爱兵之道以严厉为主，如果过于宽厚，那么军心就会松弛而浮躁，因此绝不可因人才难得而迁就他们。舍军令而迁就人才，就像舍本逐末，最终也将得不到人才。

过去有许多著名将领十分看重军队的士气，清代曾国藩就是其中之一，他最不喜欢那些仗剑走江湖的大侠，而更看重军队中铁的纪律。在祁门时，曾有一人前来投奔，自称是皖省名侠许荫秋。他武艺一流，但曾国藩考虑到军中纪律如铁，侠士则以散漫、游走为习，故不收留。幕僚问他原因何在，他说这种剑侠大多是无赖流氓，不受约束，邪多正少，不知遵守国家法度，虽武功高超，但留下来则会破坏军纪且会影响军中风气。曾国藩始终没有破坏自己的规矩，即使对爱将也是如此。

曾国藩初带兵时，李鸿章投到他门下做幕僚。李鸿章认为自己是进士身份，可以不参加早练，于是每天总是日上三竿才大梦方醒。一连三天，曾国藩看在眼里，碍于情面暂不作声。第四天天还没亮，曾国藩就派人告诉李鸿章："曾大人说，每日晨练是统一军令，即使有病也得起来，大家等你去了以后再用餐。"

李鸿章这才感到不妥，赶紧披衣下床，踉踉跄跄地直奔餐厅，心中忐忑不安。曾国藩瞪了李鸿章一眼，端起碗吃饭，幕僚们才开始端起碗来。吃完饭后，曾国藩放下碗筷，面对所有人一字一句地说："既到我这里来，就要遵守我的规矩。此处崇尚的是统一的军令，任何人也不得例外。"

说完甩手走出餐厅，这一句好像当头棒，李鸿章半天没转过弯来。

从那天起，李鸿章果然十分遵守军令，虚心学习周围的一切，改掉了骄横清高的文人习气。而良好的纪律和风气也使得湘军成为能征善战的劲旅，在国内影响越来越大。

可见，纪律无论对企业还是对军队或其他组织，都是十分重要的。没有规矩，不成方圆。如果没有严格的纪律约束，员工我行我素，企业便犹如一盘散沙，毫无竞争力，也不会创造出更大的价值。

【管理箴言】

纪律也是一种文化，一个内心有纪律的人，才能在社会中更好地生存；一个内部有纪律的企业，才能在转型跨越中可持续发展！试想一下，如果一家公司团队是一个没有纪律的团队，那这家公司的老板是不是很可悲？制度无人落实，目标无人达成，所有的事情都由一群纪律涣散的员工去完成，他还会成为一个优秀的老板吗？如果说这样的老板也能够在竞争激烈的商海中取得成功，那只会在童话故事中出现。

7. 处罚一定要用事实说话

据调查，在美国的国家机关中，有 25%的员工认为同事的工作表现没有达到制度规定的要求；在私营公司中，表现达不到规定要求的员工占 11%~16%，虽然没有国家机关多，但也不容忽视。更为严重的是，这些表现不佳的员工不仅没有做好分内的工作，还会降低团队的生产力与士气，并且增加离职率，影响表现达到规定要求的员工的工作情绪。

俗话说“防患于未然”，面对这些害群之马和“老鼠屎”，在他们“坏一锅粥”之前，公司老板就应该坚决处理，毫不留情。正如一家顾问公司的总裁所说的，如果表现差的员工没有受到任何惩罚，会促使表现好的员工离开公司，因为他们不会愿意待在不在乎员工表现的公司；而表现平平的员工则会留下来，因为他们知道，自己躲在公司里不做事也很安全，如此一来，整个公司会逐渐向下沉沦，这是十分可怕的事情。

然而，讲究惩罚处理起来也有一定困难，主要是老板“睁一只眼闭一只眼”，客观上迁就和容忍了表现不佳的员工。问老板为什么迁就他们，老板的回答令人啼笑皆非：“我不知道应该如何做。”不知道应该如何做显然是借口，因为有规章制度，严格按规章制度办事就行了。

其实，老板没有严肃处理表现不佳的员工，主要有三种情况。

一是老板不想处理问题。他们把表现差的员工的工作交给表现好的员工去完成，希望表现好的员工帮助、带动表现差的员工，或者希望表现差的员工自动离职，或者转调到其他部门，问题就能够自然而然地解决。

二是老板害怕直接找员工单独谈话，对其进行批评教育，会使表现不好的员工产生抵触情绪，因此采取对整个工作团队训话的方式，泛泛而谈，要求大家提高工作效率。这样是维护了表现不好的员工，给他们敲了警钟，但也有负面影响：表现好的员工和表现不好的员工一起，通通都挨了骂，这样好员工会心理不平衡，反而产生反效果。

三是老板虽然与表现不佳的员工个别谈话，指出其错误，但不痛不痒或隔靴搔痒，因此，表现不好的员工通常在被批评指责之后工作更加消极。

除了避免掉入这三种情况的陷阱，有关专家建议，老板可以采取开门见山的方式。首先，找表现差的员工谈话时，开宗明义指出其表现有问题。其次，按照公司的规章制度，逐条指出他的表现与公司要求间的差距，比如，“按公司规定，每周一早上你应该准时交上周生产报告的，但是过去一个月中你只准时交了一次，还有三次没交。”当然，当老板意识到员工存在不佳的表现时，就应该开始进行记录，某天某时某员工存在什么违反规定的事实，有了充分的证据才能说服表现不好的员工，使他心服口服。最后，老板还要认真听取犯错员工的解释和对处分的意见。犯错员工的解释有道理的，可暂时停止对他的处分，报上一级决定；如果犯错员工的解释没有道理，又不接受处分，可告诉他有申诉的权利。

事实上，与犯错员工谈话也可以帮助老板找出员工表现差的原因，并提出解决问题的办法。员工犯错是因为缺乏工作技能，还是职业道德方面存在缺陷，抑或与工作无关的其他原因，如生病、家里出了意外等。老板只要心中有数，就可针对每名员工的个别问题，拟订可行的改进计划。如果犯错员工仅仅是因为工作技能的问题，他自身也有进步的要求，公司可以让他去接受业务培训，这么做可能比重新雇用一名新员工的费用低得多，再说，随便开除一个员工也不是解决问题的好办法。

【管理箴言】

学会用事实说话，对于老板们而言是必须掌握的一项基本技能，因为只有你用事实去教训那些不守纪律的员工时，他们才会心服口服。学会用事实说话，关键就是要做好调查掌握真正的事实，如果调查不清楚冤枉了好人，那对于老板们而言，就是得不偿失了。所以，老板们必须勤下功夫，掌握这一门管理技巧，不要让用事实说话变成一句空谈。

8. 搞懂“纪律”的真正含义

“纪律”的英文单词是discipline，它还有另一层意思是“训练”。可以这么说，好的纪律可以训练员工们养成良好的工作习惯和个人修养，而当一名员工已经具有过人的自制力和明辨是非的判断能力的时候，纪律对于他个人来说可以被视为不存在的，纪律的真正目的也正在于此——鼓励员工达到工作既定的标准。老板者应该把纪律视为一种培养形式。那些遵守纪律的员工们理应受到表扬、提升，而那些违反了纪律或达不到工作表现标准的人理应受到惩罚，让他们清楚自己的行为是错误的，并且认识到正确的表现和行为应该是什么。对于大部分员工来说，自我约束是最好的纪律，他们清楚理解了纪律本身的意义——保护他们自己的切身利益，所以老板不必亲自出面严明纪律。当需要强制实施惩罚时，既是老板的错误，也是员工的错误，是二者共同造成的后果。正是因为这个原因，老板应该在其他的努力不能奏效的情况下再借助于纪律惩罚，尤其应该澄清的是，纪律不是老板显示权威和权力的工具。

员工许多不良表现都会成为老板进行纪律惩罚的原因。对于一般的违纪行为，其形式和性质都不会有太多的不同，不同的只是他们的程度。人们常常会忍受一些轻微违反标准或规定的行为，但当犯了大错误或屡教不改时，就需要立刻采取明确的纪律惩戒。人们违反纪律会有很多原因，大多数是因为不能很好地调整适应。导致这些后果的个性因素包括马虎大意、缺乏合作精神、懒惰、不诚实、灰心丧气等，所以老板的工作是帮助员工做好自我调整。当老板是个明辨事理的人时，他会真诚地关心员工，使员工们在工作的同时享受到更多的乐趣，逐渐减少自己的违纪行为；如果员工面对的是一位一天到晚拉长着脸、讲话怪声怪气、动辄以惩罚别人为乐趣的无聊的老板，找一些借口逃离虎口，还会是出人意料的吗？

在许多情况下，你不得不出面向周围的人做出解释，对破坏纪律的行为进行惩罚。当你不得不惩罚某人时，纪律作用的发挥是十分消极的，但是如果你能通过建设性的批评或讨论让员工按你希望的那样去做，这就是积极的。主管们在执行权力的同时，要以发挥的积极作用为指导，尽量使员工有一个自我改正的过程。

循序渐进地处理违纪问题是达到以上目的最有效的手段之一。渐进式纪律由此而得名，其含义为：随着情况的持续发展，或违纪事件的屡次发生，对不达标的工作或违纪行为的惩罚会越来越严厉。一般说来，第一次违纪可以宽恕——只要后果还不算太严重，可以以口头警告的方式予以批评；对第二次违纪行为应该毫不犹豫地发出书面警告；对第三次违纪可以处以临时解雇或停职，这将是员工最后一次挽救自己的机会；对第四次违纪（或极其严重的违纪），老板也只有予以开除。纪律惩罚无论对员工还是对老板来说，同样是不愉快的经历。但主管们不该出于面子上的考虑而对违纪行为视而不见，否则会激起所有员工的反感，因为没有惩戒的纪律是不足以称为纪律的。当违规者由于违反原则而获得更多的个人补偿的时候，如何去说服一个本本分分遵规守矩的员工坦然接受自己的损失？所以，纪律的规则就是公正。

【管理箴言】

英国古老的剑桥大学有一位著名的校长，他治校有方，培养出了很多名满天下的学生，有人问他为何能把学校经营得这样好，这位著名的校长告诉问他的人，那是因为他用“一条鞭子”来惩治那些不听话、不上进的学生，并且奖罚严明。可以看出，纪律其实就是那条鞭子——只要有了严格科学的纪律制度并严格执行，就一定能把学校管理好，培养出好学生。同样，老板们要想经营出一家优秀的企业也需要这样的“一条鞭子”。

9. 学会告诫，才能收到实效

告诫是管理工作中一个不可缺少的方面。告诫的目的是使员工改变自己的不良行为，更加遵守纪律，比如对旷工、迟到、早退等对工作不负责任的行为进行告诫。但是，管理者如何告诫员工才能收到预期的效果，使员工容易接受和乐于改变呢?

(1) 事先要让员工知道公司的行为规范。作为管理者，在对员工的违规行为进行告诫之前，应当让员工对公司的行为准则有充分的了解。如果员工不知道何种行为会招致惩罚，他们会认为告诫是不公平的，是管理者在有意“找茬儿”。因此，为公司制定一个行为规范并公之于众是至关重要的。

(2) 告诫要讲求实效性。如果违规行为与告诫之间的时间间隔很长，告诫对员工产生的效果就会削弱。在员工违规之后迅速地对其进行告诫，员工会更倾向于承认自己的错误，而不是替自己狡辩。因此，一旦发现违规，要及时地进行告诫。当然，注意及时性的同时也不应该过于匆忙，一定要查清事实，公平处理。

(3) 告诫时应当明确提出具体的理由。对员工进行告诫时，首先应当清楚地向员工讲明他在什么时间，什么地点，实施了什么行为，违反了什么规则。如果管理者自身掌握的事实与员工讲述的事实差别很大，应当重新进行调查。同时，仅仅引证公司的规章制度还不足以作为谴责员工的理由，因为这样他们往往认识不到自己的错误，应向其说明他的行为给公司带来的损失，比如，迟到会增加别的员工的工作负担，影响整个公司的士气，导致公司的任务不能及时完成等。

(4) 告诫要讲求一致性。一致性要求对员工进行告诫要公平。如果以不一致的方式来处理违规行为，规章制度就会丧失竞争力，会打击员工的士气。同时，员工也会对管理者执行规章制度的能力表示怀疑。当然，一致性的要求并不是说对待每个人都完全相同，在告诫员工的时候，应该在坚持原则的前提下具体问题具体分析。当对不同的员工进行不同的告诫时，应当使其相信这样的处理是有充分根据的。

(5) 告诫必须对事不对人。对员工的行为进行告诫是因为其行为违反了规则，因此告诫应当与员工的行为紧密联系在一起。要时刻记住：告诫的是违规的行为，而不是违规的人。告诫之后，管理者应当作什么都没发生一样，公平地对待员工。

(6) 以平静、客观、严肃的方式对待员工。告诫是基于权力之下的一种活动。管理者在告诫时必须平静、客观、严肃地实行，以保证告诫活动的权威性。告诫不宜用开玩笑或者聊天的方式来实行；同时，也不能在告诫时采取发怒、怒斥等情绪化行为，这同样是不严肃的。告诫是为了让员工改变行为，而不是吵架。

另外，对于那些不听告诫的员工，则应该“杀鸡给猴看”。相传猴子是最怕见血的，驯猴的人首先当面把鸡杀给它看，叫它看看血的厉害，才可以逐步进行教化。捉猴子的人就采用这杀鸡战术，不管它怎样顽强抗拒，只要雄鸡一声惨叫，鲜血一冒，猴子一见，便全身软化，任由捉获了。而在企业管理中，何尝不需要“杀鸡给猴看”呢？

某公司为整肃纪律，对公司里的不良现象进行整顿，规定凡工作时间打牌者予以开除。一天中午，离下班还差十分钟，经理刘某路过食堂附近，忽然听见里面有几个工人在吆五喝六。他猜想：这准是有人违反制度，躲到食堂打牌来了，于是立刻上前撩开门帘走了进去。谁知道那几个打牌的人动作十分敏捷，没等刘经理看清是谁，撒腿就从另一个小门跑了出去。身体矮胖的刘经理在后面紧追不舍，但等他追上楼，那几个违纪的人员早已隐入人群里。不过刘经理自有办法对付。他立即叫来车间主任，宣布全车间停工开会，整顿纪律。几乎没费多少工夫，就查出了那几个员工的名字。在会上，他语重心长地教育全体职工，应该严格要求自己，自觉遵守公司纪律，通过从严治理来推动企业的两个文明建设。接着，他当众宣布：对那几个被当场查出来的违纪员工，立刻予以开除。就这样，刘经理通过抓住这个典型事例，惩一儆百，很快就扭转了该公司纪律松散的局面。从那以后，该企业员工再没发生过类似事件，生产任务月月超额完成。

当一个组织陷于无序状态、主管的命令无法产生效果时，不妨针对整个组织进行“苏醒疗法”。方法之一便是痛斥一个特定的违纪人员。因为如果责备整个部门，将会使大家产生每个人都有错误之感而分散责任；同样地，大家也有可能认为每个人都没有错。所以，惩戒严重过失者可使其他人员心想：“幸亏我没有做错”，进而约束自己尽量不犯错误。如此一来，下属们各自遵章守纪，并且一定会加倍努力工作，公司则会自动回到有序的状态。

【管理箴言】

学会告诫，关键时刻还必须用“杀鸡给猴看”的技能。但是，“杀鸡给猴看”的关键就是要选出具有代表性的“鸡”，要具有惊醒一大片“猴子”的作用，千万不能犯杀了一只鸡只惊醒一只猴子的错误，要是这样的话，那任何一家企业都会发展不下去！

公司靠制度打天下
企业靠落实定江山

第三章

赏罚分明的老板才是决胜千里的好统帅

企业的老板善于谋划战略目标，以达到控制成本和获得盈利的目的。但是，如果一个老板只会从宏观角度去管理，未必可以将企业带上行业的巅峰，须知赏罚分明的老板，才能决胜于千里。

作为一位老板，既应奖励那些尊重企业规则、对整个企业有贡献的员工，也要惩罚那些每天“混日子”的员工，唯有恩威并施、奖惩分明，才能让公司健康发展。

1. 恩威并重：左手大棒，右手胡萝卜

职场管理并不是一门简单的学问，相信每一个坐在老板位子上的人都有自己的一套管理方式。一个成功的老板，绝对不会按照自己的心态去管理下属。相反，一个充满了智慧的老板，一定会采取影响下属心态的这个方法来实现有效管理的目的，并且会通过一些技巧来让员工们积极地工作。这个时候，上司通常会巧妙地采取“左手大棒，右手胡萝卜”的方法来管理。

“左手大棒，右手胡萝卜”，这句俏皮话出自一个很有趣的小故事。一个农夫为了让驴子前进，采取两个办法，一是在它前面用枝条挂一根胡萝卜，二是用一根棒子在驴子的后面赶着它。但是，如果说哪一个办法最为奏效呢？答案既不是前者，也不是后者。最好的办法是两者兼有，即“大棒+胡萝卜”的政策，通俗一点来说，即“打一巴掌给一个甜枣”。站在管理者的角度，唯有巧妙地将激励和惩罚合二为一的管理团队，才会收到最佳的效果。

关于这种理论，可以在古今中外找到很多佐证，最为贴切的便是拿破仑的一段话，他曾经形象地表示：“我有时像狮子，有时像绵羊。我成功的秘

密正在于：我知道我什么时候应该是前者，什么时候应该变成后者。”以古鉴今，作为一位管理者，你必须知道什么时候应该“威逼”下属，什么时候应该对其“利诱”，灵活地转换红脸白脸、拿捏好火候是这种理念的关键所在。

大棒——严苛的规章制度，以激励、鞭策为目的的惩罚办法。人是需要压力的，养尊处优的工作环境只能让人安于现状、丧失斗志，从而降低工作效率。这个时候，“大棒”管理办法会在一定程度上给予员工一定的激励和鞭策，甚至是一种恐惧感。当然，这种恐惧感并不是单纯的压力，它并不会产生任何负面效应。相反，这种恐惧感会让员工更加集中精力、激发思维、提高工作效率。

胡萝卜——古语有云：“军无财，士不来；军无赏，士不往。”这句话的意思显而易见，运用在管理下属这个范畴，应该是这样的：无论所处的是一个什么样的管理体系，奖励机制都是这个管理体系中最必不可少的一个环节，这种奖励机制有可能是薪资、福利，也有可能是培训、升迁，还有可能只是最为简单的信任和授权，这些都属于“胡萝卜”的范畴。

为什么一定要两者结合呢？如果只使用前者，即严厉的管理和强硬的处罚，那么无形当中势必会使员工产生逆反的心理，并不利于工作。如果只使用后者，那么一定会在员工的心里营造一种老板非常亲民、温和的形象，试问怎有威严可言？

可见，“大棒”与“胡萝卜”这两种激励方法各有优劣。优秀的管理者会在两者之间寻求一种最佳的平衡状态，举起“大棒”的时候也会巧妙地运用“胡萝卜”，既树立了威信又让员工积极地工作。

【管理箴言】

在体制相对完善的大企业中，一定会有这样的两个老板——一个非常严苛，一个相对慈爱，前者扮演白脸的角色，后者扮演红脸的角色。批评是白脸的专利，红脸则喜欢表扬员工。其实，想要管理好一个团队，管理者应该时而白脸时而红脸、时而批评时而表扬、时而高举“大棒”时而捧着一个“胡萝卜”……唯有如此，才能促进员工在职场上缔造更多的神话。作为一名管理者的你，准备好转换自己的角色了吗？

2. 惩罚不是最终的目的

惩罚到底是管理团队中的一个必要手段，还是管理的最终目的？答案不言而喻。

在管理一个团队的时候，作为老板一定要明白，惩罚下属并不是为了惩罚而去惩罚，而是为了改正下属在工作当中出现的错误，使下属铭记这个错误，并且在今后的工作当中极力避免类似错误的发生，早日成为真正的人才。

诚然，这种动机并没有什么错误。毋庸置疑，惩罚的确是一种行之有效的管理手段，可是当真正实施起来之后，相信每一个老板都不会觉得这是一件轻而易举的事情。惩罚的目的在于向团队的员工们示意错误行为在工作中的危害，从而使员工们不再重复错误的行为。

很多老板是为了惩罚而惩罚，团队员工一定会给老板扣上“蓄意”的帽子，面对即将到来的惩罚，势必会产生强烈的排斥心理。其实，惩罚并非老板无原则地随意进行，而是有一定内在的方式，否则便不能发挥其本有的积极作用。

惩罚的方式一般包括批评、罚款、写检讨书等，其结果不是让员工的收入减损，就是给员工的自尊带来一定的伤害，更有甚者达到体罚的阶段。

我们前面说过，惩罚的目的是改正员工的错误，或是错误的工作方法，或是错误的工作理念，抑或思想……其实，改正员工的错误也是为了让他避免日后出现类似的错误，避免损害公司的利益。惩罚是在引导还是伤害员工，关键所在便是老板惩罚的度。

批评应该是最初级的惩罚，批评的正向结果是引导，反向结果则是毁灭。批评一个员工的最佳办法就是告诉他错误的症结所在、怎样改正才能让工作日臻完美。简言之，授人以鱼不如授人以渔。批评是“鱼”，更深远的导向是“渔”。那么，想要灵活地控制这个度，我们应该从哪些角度出发呢？

(1) 奖罚分明。诚然，奖赏会激励员工，但是惩罚更能够告诉那些犯错的员工：在今后的工作当中，绝对不能随心所欲。同时，惩罚一名员工更是对其他员工进行的一次反面教育。唯有坚定的惩恶决心，才能激发其他员工更加具有斗志。切莫以君子之心度小人之腹，更不能感情用事。

此外，在惩罚的时候一定要做到公平。在实施惩罚之前，必须先与员工讨论所犯错误的具体情况、原因，确定在没有误解的情况之下，再责备员工在处理这项工作中的不足之处。还需注意的是，在责备的过程中要强调管理者所希望的想法和行为，与此同时，还需让员工明白问题的症结出现在他不当的行为，而非他本人，即“对事不对人”。责备的重点要集中在改变员工不良的行为上，并非羞辱他本人。

(2) 惩教结合。中国人讲究张弛有道，一味地奖励会让员工“恃宠而骄”，一味地惩罚会让员工的信心全无，唯有奖惩分明才会让员工奉献更多的业绩。惩罚的正向目的是教育并且帮助当事者和其他员工，想要实现这个目标，就要求管理者在惩罚员工的时候，必须有机结合惩罚和奖赏。

单纯的惩罚是很难完全改变被罚者的不良行为的，相较于损害公司利益的行为，错误的思想更加难以改正。如果一味地对其进行惩罚，那么势必会将其推向更为错误的方向，即引起所谓的“逆反”现象。

任何受到惩罚的人都不会感到心情愉悦，这个时候，他们需要的当然是思想上的升华。尤其是对于那些得失心和上进心都很强的员工来说，适当地结合奖励之后，才是对其进行了一场完整的引导。

【管理箴言】

在现代企业中，想要成功管理一个团队，奖励和惩罚是必不可少的两种手段，两者的目的都是激励员工。轻视或忽视任何一方，都是不智慧的表现。对待公司的功臣，必须回应奖励；对待有过的员工，惩罚接踵而至。

即便奖励和惩罚都是管理团队的手段，但是两者是有侧重的。一般来讲，奖励为主要手段，惩罚次之。而且，在惩罚的时候管理者需要注意，惩罚的目的不是单纯地给予犯错员工批评和惩责，而是要通过这两个途径让员工了解到犯错的原因和改错的方法，以达到未来不再犯错的目的。

3. 不做压榨型老板：别总是让员工付出

网上有很多抱怨老板的帖子，很多的“控诉”看着既可气又好笑，比如这一条：“自从来了这个公司，很少有准时下班的时候，搞得我都没有时间谈恋爱了。”

看似是个笑话，但是这是在压榨员工的个人时间，显然，没有一个员工会喜欢经常被老板压榨，他们似乎更喜欢劳逸结合的工作，这样才能更加有的放矢地发挥自己的潜能。可是，站在管理者的角度，他会将其视作员工应该遵循的一个“潜规则”，殊不知长此以往一定会引发员工的抵触情绪。

那么，在管理员工的过程中，还有哪些行为是管理者必须规避，不要对员工进行压榨的呢？

(1) 追求完美。有些老板追求工作日臻完善，因此会在管理中“压榨”员工，由于他本身对自己要求很高，因此喜欢给年轻员工更多挑战。一般来说，对员工有要求可以让年轻人进步更快。但是，凡事都有一个度，一旦要求变成职场上的欺凌，那么就是在压榨员工。

(2) 过度管束员工。为了达到改善员工表现、纠正其行为和工作习惯的目的，很多老板都喜欢管教约束员工。要知道，这是高效管理中不可或缺的一种手段。但是，过分地管束员工，一定会在员工的思维方式上围一道栅栏，阻碍其正常的工作、职场发展和公司的利益。

(3) 羞辱下属。在工作当中，对员工进行正常的指导是有必要的，不但可以将员工的思维提升一个阶段，更可助益公司的利益，完全是正向的一种管理手段。因此，我们说真正的指导是有益的，但是一旦加入个人的情感，那就会演变为“羞辱”。

(4) 恶性竞争。为了因地制宜地管理所带的团队，提升每一位员工的素质，老板会采取良性竞争这种手段，来完成团队的工作。在竞争的过程中，每一位员工都会获益良多，除了技能方面的提升，还能与团队中的其他成员产生默契。

当然，如果竞争是恶性的，那么一定会引发员工之间的互相排挤，将主要精力集中在与同事之间的斗争上，而非对待工作上。

(5) 管理不够透明。在管理员工的时候，有些老板喜欢“打官腔”——并不直接表达，总会有意无意地“遗漏谎言”。其实，这对员工来说也无异于“压榨”。有些时候，为了避免问题发酵，老板们会掩盖事实的真相；为了用最低的支出获得员工最大化的付出，老板会选择以“画大饼”的方式让员工“臣服”……长此以往，在员工看来，老板早已没有信任可言，谁还会忠实地跟随老板呢?

【管理箴言】

想要让整个团队拧成一股绳，让员工积极奉献自己的每一分力量，一定不要让员工承受各种各样的“压榨”，雇用优秀的人才，并且给他们足够的自由，天才才会成功。要知道，老板和员工之间也存在一定的角力关系，唯有成功杜绝“压榨”员工的情况发生，才能让员工、团队和老板的职场生涯继续辉煌！

4 .制度一定要合乎人性

无论是规模庞大，还是尚处在创业阶段的工作室，任何一家企业，都制定有几十条甚至上百条制度。毋庸置疑，制定制度的出发点是约束员工的行为，严格地执行制度是员工们不可推卸的职责。但是，制度是没有生命的，而制度所面对的却是活生生的人，好的公司制度必须合乎人性，人性是自然之性与社会之性的结合。在管理的过程中，只有让员工通过自我修身、自我提升，再加上制度的约束，才能让团队的每一位员工展现更加完美的自己和奉献更多的效率和成绩。

在一家企业的办公室里，张三随口说了一句与工作无关的话，李四搭了话，王五听到后忍不住插了一句，忙得不可开交的赵六却烦躁了：自己要专心处理繁复的工作任务，可是同事们的聊天严重影响了公司的管理工作，自己又不是老板，因此说他们不合适，不说他们的话又不能完成任务，于是在心里抱怨起来："凭什么别人在聊天，自己却要埋头工作呢?"

类似这样的"小事"，几乎每天都在不同的公司上演。所有女同事的话题都在围绕“老公、孩子、美食、服装、化妆品……”打转，而且永远都聊不完；而男员工则飞快地转换着角色：世界小姐的评选、国家领导人、球赛裁判……

在工作当中，这些闲聊却会对公司的业务造成巨大的影响，这并非危言耸听！

(1) 绝对不可能只有一个人在参与闲聊，参与的人数越多意味着整个团队的工作效率下降越快。

(2) 闲聊不只是解决了每个人的“倾诉欲”，对他人的工作也产生了极大的影响，导致其他人的工作效率下降。

(3) “说者无心，听者有意”，闲聊的内容难免会让人有些误解，使其将个人情绪带到工作当中，导致人际关系出现误会和矛盾。

(4) 闲聊这件事根本不利于企业形象的树立，一旦有重要的客户登门拜访注意到了这个细节，势必会影响继续合作的意向。

综上所述，闲聊这件小事，会让公司整体效率和效益下降至少20%，这样一来对于一个年收入100万元的公司来说，因为闲聊就损失了20万元，这还是一件“小事”吗？

类似这样的“小事”，一定也会在你所管理的团队中出现，想要避免所谓的“小事”影响公司的效益，应该制定合乎人性的规章制度。那么，怎样才能建立合乎人性的公司制度呢？

(1) 尊重员工：合乎人性的管理，首先要将团队的员工当人看、尊重人，唯有如此企业才会集聚凝聚力，团队的员工才会有付出的意愿，发挥潜能。

(2) 朋友式老板：员工也是上帝，这是人性化管理理念的本质体现。当老板愿意与员工成为伙伴的时候，就会与下属建立关爱、尊重、信任、接纳的关系，这样才能激励下属发挥最大的潜能，实现共同的目标。

(3) 激励管理：员工需要激励，除了物质方面，还有精神层面的激励。激励管理的所有理论，都是从人性的角度出发，根据员工的需求来制定相应的激励方案，才能调动员工的工作积极性，发挥员工的最大潜能，以实现企业与员工的共赢。

（4）提倡民主：为团队建设一个民主的环境，即让员工参与到团队的决策中来，可以让员工感觉被尊重，产生主人翁意识，更能充分调动员工的积极性和集体智慧。对于自己参与的决策，员工更能认识深刻，并且愿意服从和执行。一旦决策失败，员工也不会抱怨和指责，而是积极地参与到修正的过程中。

团队管理离不开制度，但仅仅制度化也绝非好的管理。制定制度应当由下而上，首先要充分尊重员工的自主性。团队的每一位成员携手制定公司的制度，才能自觉遵守缺席，积极执行制度。

【管理箴言】

制定合乎人性的制度，必须以人性为前提。公司的一切制度设计都应该符合人性，唯有与人性相匹配的制度才是最为行之有效的。这完全仰仗于符合人性的制度推行起来才会比较顺利，违反人性的制度实施起来困难重重。

5. 老板必须修炼的几项“惩罚艺术”

2014 年年底，东莞市某工厂门口熙熙攘攘，几百名员工陆续进厂上班。可是，厂门右侧，员工××胸口挂着一个大牌子，上面用毛笔字分两行写着：××，偷盗工厂财物。在牌子的下方，还贴着一张 A4 纸，是××自己写的“自白书”。

上班的工人和路人无不议论纷纷：

“这也太过分了，这简直是人格侮辱啊！”

“偷东西而已，打一顿也行啊！也不能这样！”

……

这天上午，××结算了上个月的工资离开，而他当月的工资，工厂则扣下作为偷盗的“罚款”。

类似这种老板惩罚员工的案例远不止于此，还有一家企业的老板看到有的员工上班的时候打瞌睡，于是将他睡觉的照片拍下，发布在公告栏上进行“通报批评”。

而深圳的一家公司竟然明文规定：上班的时候讲话的员工，会被罚戴口罩上班3天。这个案例，被称作“史上最牛、最变态的惩罚制度”。

这些“惩罚事件”简直到了让人啼笑皆非的地步，应该引起管理者的重视。一般来讲，员工犯错固然应当受到惩罚，类似以上惩罚的手段的确可以达到惩罚的目的，可是其中毫无任何艺术含量。作为老板或者是上司，应该采取什么样的积极手段才能收到更好的效果呢？

（1）错误即是机会，惩罚变成鼓励。员工犯错在所难免，这是每个公司老板都会面对的问题。德国一家汽车制造公司的老板，在面试众多应聘者的时候，只问了这样一个问题：在你们过往的工作中，犯过多少次错误？

在获悉大多数应聘者都是一贯正确时，这位老板却将这份工作交给了一个犯过多次错误的“倒霉蛋”，看似荒谬的结果却蕴藏着深层次的理由——“我不要从未犯过错误的人！我需要的人才，是犯过无数次错误，但每次都能及时吸取教训、立即改正！”

国外的企业很注重职员在过去工作中犯错误的经历，一般不会录用从未犯过错误的人，这是为什么呢？因为，错误即是机会，能够及时纠正错误的员工更有主人翁精神。更有甚者，一些长寿的公司，如荷兰飞利浦、德国西门子，在招聘的时候不但会优先录用那些曾经有过犯错误经历的新人，还经常鼓励职员在工作中犯错误。

（2）好上司需要：大事认真、小事糊涂。水至清则无鱼、人至察则无徒，这是古代的至理名言。作为一个团队的管理者，你不可避免地要面对处理员工犯错的问题。但是如果员工一犯错你就严加整治、杀一儆百，也是完全没必要的。一般来说，类似迟到、打瞌睡这样的小错，老板应该给予适当的宽容，要知道这些小错的背后也许有着员工私人生活中的难言之隐。作为老板，你真的不应该抓住员工犯错这点小事不放。正确的做法应该是主动探询员工这么做背后的原因，并且尽自己最大的能力为其排忧解难。

之所以应该小事糊涂，还有一个原因便是如果将过多的精力用在观察员工的小纰漏上，势必会影响你的工作效率。有的上司之所以累，没有别的原因，就是因为他不信任人。因此，好的上司应该学会“惩罚的艺术”，要学会欣赏和肯定员工，并且懂得抓大放小，遭遇小问题要采取包容的态度，提醒他们下次注意做好，切忌将问题扩大化。

通常在这时，那个出错的员工会比其他人更用心做这事，往往会有将功补过的情况出现。

所以，我认为，在惩罚后的第一时间里，要留给对方将功补过的机会，这样比直接惩罚效果好得多。

(3) 对待人才更要"有技术含量的惩罚"。员工犯错，老板要因地制宜地去惩罚，即对待不同的员工可采取不同的惩罚方式，要将惩罚转化为激励、将惩罚转化为鼓舞，这种方法尤其对于那些恃才傲物的员工极其重要和受用。如果是处在必须处罚的情况之下，不仅要留住人才，更要留住人才的心，关键是要从根本上解决问题。

【管理箴言】

管理是门艺术，惩罚亦然。当团队或者是部门中的员工犯了错误时，从老板的角度出发，切忌实行责任到人，这样势必会在短时间内让大家产生紧张感。作为老板，更应该去承担责任，面对问题要积极地去解决，而不是推诿责任，这便是"惩罚的艺术"。

6. 奖惩一定要有度

在管理层面有一个词叫作“管理过度”，指公司规定的条框太多、处罚的条例太严厉，因此员工们害怕承担更多的责任而失去了原有的主动性和创造性。举例来说，很多下属在处理每个问题的时候都要请教老板，让自己的上司来做最后的决定，这是为什么？因为他怕出错，老板最后拍板即便是错了也无所谓。

“经理，您说怎么办就怎么办！”这句话表明员工根本不想承担任何责任，也成了大家推卸责任的托词。长此以往，员工就成了不折不扣的“四方木”——踢一下才能动一下，没有得到老板的指示，即便是发现了问题也不会主动去处理，更有甚者连提出来的想法都没有。一旦员工失去了改革创新的勇气和进取心，那就奢谈会主动提出改善建议和做出改善的行动了。

既然“管理过度”会造成员工丧失主动性，那么就需要每一位管理者在管理的时候讲究一个“度”。只要规避管理中出现“过度”的情况就够了吗？当然不是。在惩罚员工的时候，同样要讲求一个“度”。这样一来，一旦员工在工作中出现问题，大家就不会将全部心思都放在怎么帮自己开脱、去找别人的过失上。部门之间更不会因猜疑和搪塞，而忽视彼此的协作。不想让自己管理的团队变成一个充满扯皮、抱怨和争吵的团队，就需要老板在惩罚的时候讲求适度。

(1) 容忍员工犯错，是公司运营成本中的一项。自古无完人，员工犯错也属于这个范畴。一旦处理不当，犯错的员工便会丧失自信，试问，工作能力和技巧是可以后天培养的，自信心怎么培养呢?

那么，怎么才能让员工充满信心呢?那就是鼓励员工冒险创新，允许员工的失败是其前提。要知道，容忍员工犯错，是公司应该支付的成本。员工不学习的话是不可能取得成功的，但是在学习的过程中势必会出现犯错的时候，唯有犯错才会吸取教训、总结经验。

当然，鼓励员工创新并非鼓励员工犯错，而是在员工犯错之后，老板不会对其做出严苛的惩罚，而是告诉他正确的做法，让他在实践中进取，这样员工在面对困难时才会有勇气去面对、去克服。

(2) 惩罚要有限度。在惩罚员工之前，每一位老板首先要思考的问题是：什么是惩罚员工的本质和目的?

要知道，老板在处理事务的时候，首先追求的是结果——激励员工的目的是提高他的工作效率，惩罚员工的目的是让员工吸取教训，但是进行惩罚的时候，一定要“歇斯底里”吗?当然不是，如果那样的话，结果自然得不偿失。一旦老板做出粗俗的行为，是有损自己在员工面前的威信的。更进一步讲，员工所犯下的错误，无外乎破坏了公司的形象、触犯了公司的规章制度、影响了工作业绩这三点，一旦老板采取那些侮辱和侵权的惩罚手段惩罚员工，势必会给公司造成更大的影响。

【管理箴言】

作为一个管理者，在管理员工尤其是惩罚员工的时候，一定要掌握其中的“度”。惩罚过于严苛，员工会丧失信心和创新力；惩罚过于温和，又不会让员工从中吸取教训。只有巧妙掌握其中的这个“度”，员工才会努力地完成工作，更能担负起老板交予的重任。只有到了这个时候，管理者才可以卸下重担真正地轻松起来。

7. 赞美太多有时候也会坏事

一个气球吹得太大，很可能会吹破；吹得太小，会不好看。同理，对员工的赞美也应该适可而止、恰到好处，须知适度的赞美可以激励员工，而赞美太多有时候也会坏事。

团队中的每个员工都喜欢听上司称赞自己，这无可厚非，是人的本性，但是并非每一句赞美都能“物尽其用”。上司赞美员工，要分场合、分对象、用恰当的语言，这样才能赢得员工的支持和信任，否则，赞美话说得再多，也不可能达到赞美的效果。

在日常工作中，上司要善于发现下属的优点，切莫吝啬自己的表扬，但是也不能随便赞美，赞美是一种工具，更是一门艺术。每一位老板都要细心琢磨，掌握赞美的技巧，借赞美员工来提升团队的士气。那么，作为一名老板，应该怎么赞美下属呢?

(1) 一对一赞美最行之有效。一对一地赞美员工才能达到真正鼓励某个员工的目的，这种赞美员工的方式既可以肯定这名员工从前的工作，还能鼓励员工在今后的工作中更加努力。要知道，员工的工作热情往往正是来源于上司对自己的肯定和赞赏。当然，肯定的方式有很多。很多人认为升职加薪才是赞赏，其实口头表扬也不失为一种非常行之有效的赞赏方式。

(2) 从小处称赞，不要说大道理。作为老板，一定要善于观察员工，找到员工值得关注的细节，并且善于发现小事的重大意义。想要使自己对员工的赞扬恰到好处，就要在平时的工作中留心观察、细心思考，找出员工值得重视的地方，更要善于排除遮挡视线的障碍。有些员工很容易做到的事，对另一些员工可能非常困难；当员工做到的时候，就要对其不吝赞扬，使之受到感动。

工作当中，因为团队中每个员工的分工不同、责任不同，因此很容易出现眼高手低的随便赞扬，当然也有可能因为是说者随口举例，令员工摸不着头脑。除了直接表扬之外，还可以采用其他的方法。包括间接的赞美、假借他人的口吻来赞美一个人，这样既能表明自己的赞同立场，又能传达第三者的善意。

(3) 表扬整个团队的所有成员。在管理层面有一个这样的现象，在团队开会的时候，如果老板表扬一种现象，而并非表扬某个人，很多人便会对号入座，认为老板口中表扬的那个人就是自己；反之，如果是批评一种现象，那么团队中的很多人都会认为自己没有这种情况，老板批评的并不是自己。因此，不提名公开表扬这种方式既可以表扬很多人，又可以鼓舞大家人的士气。

但是，在使用这两点的时候需要管理层注意的是，上面说的是不直接提名，一旦直接提名，便不能起到任何表扬的边际效应，更会让被表扬的人在所有的同事面前感到尴尬，而被表扬的员工不但不会感谢老板的赞赏，反倒会埋怨老板，埋怨自己被脱离群体。事实也的确如此，当众提名表扬某个人，此人很容易成为大家疏远和议论的对象。

【管理箴言】

没有一位老板喜欢那些绩效不彰的下属，尤其是那些绩效不彰又不思进取的下属。赞美等同于认同，上司赞美员工是在表达对他的期望。记住，恰如其分、点到为止的赞美，才能真正起到鼓励员工的目的。一旦使用过多的辞藻，一定会起到适得其反的效果。

8. 建立合理的薪酬制度

在你我身边，很多人提到薪酬就会牢骚满腹，似乎每个人对薪酬制度都有自己独到的见解。研究表明，很多公司中，一半以上的员工都不满意自己的收入，而且这个比例还在持续上升。

某大型企业的一位员工，工作踏实，薪水很不错。可是，一个偶然的机会让他知晓老板的薪酬竟然比他高出好几倍，可是想到这位老板平日只是扮演一个“二传手”的角色，都是自己在勤勤勉勉地工作，因此他不能继续忍受，最后决定跳槽。

从上面的案例中我们发现，薪酬本身让这位员工非常满意，可是真正促使他跳槽的原因是薪酬差距的不合理。实际上，并没有大家都满意的“最佳薪酬分配制度”，薪酬制度的设计必须要充分考虑到企业的经营管理特征、财务实力和企业文化风格这三点。但是，鉴于薪酬在吸引和留住优秀人才等方面的独特作用，企业当然希望员工们都能满意薪酬制度。那么，怎样才能做到呢？

第一，公平。

一般来说，很多人都会拿自己的付出与所得与别人比较。当自己的所得少于对方的时候，就会感到非常的不公平；但是，当自己的所得大于对方的时候，又会很容易产生投机取巧的想法。长此以往，工作积极性就会受到严重的打击。那么，怎么解决呢？面对这种情形，唯有让左右两边相等，员工才会体会到企业的“公平”。

干多干少一个样，干好干坏一个样，那么干得多与好的人就会感觉不公平。于是，很多人都是这山望着那山高，将“跳槽”挂在嘴边，“跳槽”就是公司之间薪酬标准比较的直接结果。毋庸置疑，薪资外部比较结果如果不公平，员工势必会流失。想要避免人才流失，企业就要及时了解市场薪酬情况。

第二，四大因素实现薪酬体系公平。

其实，如果进行分析和总结便可得出结论，所谓的“薪酬方面”的不公平，无非是与岗位职责、绩效表现、能力资历不相匹配的结果。于是，在建立薪酬体系的时候必须考虑员工、职位、绩效和市场这四个关键因素。

(1) 员工：在考虑调薪、加薪的时候，首先要考虑的就是这名员工是否有潜能、激情，是否可以通过培训来提升其工作能力。

(2) 职位：这个岗位对公司的价值有多大，一旦该职位空缺，是否能够在短期之内找到合适的人选。

(3) 绩效：薪酬的核心包括三个方面，一是员工的绩效表现，二是产生的效益有多大，三是工作胜任能力是否达到公司的考评标准。

(4) 市场：当公司内部的公平问题得到了解决之后，就要开始解决企业外部的公平问题。唯有了解行业的薪酬水平，才能确保企业采取有效的调薪政策，以达到留住企业想要的人才的目的。

只有让以上四个设计薪酬体系的关键因素全部在考量范围之内，才能科学地应用岗位评估、岗位价值系数、市场工资水平来建立合理的薪酬机制。

【管理箴言】

《论语》有云："不患寡而患不均。"在企业里，抱怨薪水低永远都是员工的谈资。毋庸置疑，不公平正是导致人才流失的首要因素。管理学的激励理论认为唯有在员工感觉到"公平"的情况之下，才会真正感受到有效的激励。足见，建立合理的薪酬制度何其重要。

随着招聘市场的成熟化，通常在招聘的过程中，招聘和应聘双方都会进行薪资谈判。但是，较为合理的做法是企业本身有一个已经制定的薪酬范围，针对应聘者的资历、经验、能力等在这个范围内定夺。如果企业没有成熟的薪酬范围，而纯粹依照"口舌"或"拍脑袋"来定薪的话，势必会扰乱内部的薪酬系统，成为不公平的源头。

9. 给优秀员工“意外奖励”

几年前，一篇名为《温州民企奖励员工有一套》的帖子在网上广为流传。“港澳游、出国游，不再是有钱人和某些老板干部的‘专利’。在温州的一些民营企业，哪怕你只是打扫卫生的普工，只要做得足够出色，被评为优秀员工，你就有机会获得港澳游、出国游甚至更加‘奢侈’的奖励。从小至二三百元的自行车、电磁炉，到欧洲、美国和澳大利亚旅游‘随便挑’；从一个员工最高8万元现金的大红包，到拿下一项实用专利重奖10万~50万元；从公司推荐优秀员工参加香港财经学院MBA学习，到奖励公司股权……奖励优秀员工，温州的民营企业真是有一套。”

从管理团队的层面出发，员工激励是管理环节中极其重要的一环，它指的是通过各种有效手段，满足或者限制员工的各种需要，以激发员工的需求，从而使其形成某一特定的目标，并且在此过程中保持高涨的情绪和持续的积极状态，充分挖掘员工的潜力，达到预期的目标。

对于为公司做出贡献的员工，公司会给予一定的奖励。那么，对于那些优秀员工呢？

优秀员工是企业的金矿，一个人能走多远，要看他与谁同行；一家公司能走多远，要看它有多少优秀员工。很多民企的老板自掏腰包挖空心思地去奖励和取悦优秀员工，无论从社会角度，还是人力资源角度来看，这都是令人兴奋的消息。一个公司即便规模不大，一旦拥有一批优秀的员工，便会对企业的长远发展起到至关重要的作用。赞扬、关心优秀员工并不是浪费金钱，而是在精神上给予优秀员工荣誉。企业这样做为的是双赢的目的，即在肯定优秀员工对企业发展做出贡献的同时，又为员工营造了一个继续前进的工作氛围，促进企业继续迈向更高处。

那么，所谓的“意外奖励”都有哪些呢？

第一，涨薪金不如给奖金。

奖励员工，最简单也是最有效的方法就是涨工资。你的团队今年表现非常抢眼，那么就要对那些优秀员工给予一定的经济奖励。一般来说，经济奖励的方法有两个：一是涨工资，二是发奖金。

而事实上，站在老板的角度上，发奖金的效果要远比涨工资好，这主要有两个原因：

（1）大家都会选择加工资，但是在总数相同的情况之下，给奖金却会使人更加开心。

（2）“由俭入奢容易，而由奢入俭很难”，人对物质的东西更加习以为常，因此发奖金比涨工资有更大的回旋余地。

第二，精神福利更受欢迎。

物质福利就像盐，精神福利更像糖，现代企业的员工需要物质奖励，更需要“精神福利”。

这里所说的“精神福利”可能是赞美，要知道批评 10 分钟的效用远不及赞美 1 分钟的效力。赞美就像是一股清泉，流过员工的心田，滋润他干涸焦虑的心田；赞美也像是一支润滑剂，缓解员工的劳累，融化其孤苦与矛盾；赞美更像是一颗定心丸，安抚员工的焦虑，笼络他那颗不安蹦跳之心。每一次赞美，都会为企业带来多一份定力。

这里所说的“精神福利”也可以专设岗位管控，在这方面，中资企业和外资企业存在很大的不同。中资企业的员工福利往往是多头管理，不同的福利项目分散在不同的部门管理。而外资企业一般在总部人力资源部门内会设立“全球福利管理”的岗位，对员工福利进行专业化管控。

第三，公开远不及不公开。

有些公司从管理通透的角度出发，将员工的工资和奖金公开化。但是，从员工的角度出发，他们并不希望公开。这是为什么呢？那么，不公开又有什么好处呢？

(1) 人都具备一定的自信心，对自己甚至是过于自信。一般来说，他们会认为自己比别人强，因此在工资水平不公开的情况下，他们很自信地认为自己比别人得到的工资要多。这种过于自信会让员工产生一种优越感，因此对公司来说，也能起到一定的安抚和稳定的作用。不公开意味着没有比较，没有比较也就无从知道分配是否公平。

(2) 公开工资或奖金的坏处有哪些？因为大家都觉得自己贡献要比别人大，因此大家都觉得自己比别人强，一旦两个人拿的钱是一样的，那么两个人都不会满意。如果有一方拿的钱比较多的话，拿钱比较多的那个自然会认为这是理所当然的，拿钱少的那个肯定非常不高兴。最后，大家都要求公司给自己奖励，这个行为却让公司猝不及防。因此，公开奖励还不如不公开。

【管理箴言】

优秀的员工就是企业的金矿，公司应该秉持“以人为本”的观念，才能屹立于行业之林。为了给员工创造更好的工作氛围、增强员工的荣誉心和成就感，公司会给予员工奖励，这样一来，那些优秀员工才会更加努力工作来回报企业。而对于那些优秀的员工，为其准备一些“意外奖励”，才可以让优秀员工继续投入工作，并且在他们的角色与公司整体目标之间建立连接。只有形成这种良性的循环，员工们的生活才会更好，企业才能长远地发展。

第四章
消除抱怨才能够让公司制度落实到位

抱怨是正常的情感流露，表达自己对人、对事的不满。抱怨，可以在一定程度上发泄自己的不满。可是，抱怨是一种语言发泄，却不是行动，当一个人过多地通过语言进行抱怨的时候，他自然会丧失一定的行动力。职场中人经常抱怨，很可能影响到制度的“落地”。因此，想要制度能够落实到位、有效地贯彻，一定要及时与员工沟通，消除他们的抱怨。

1. 抱怨是杀死公司的利刃

小林是一个售楼处的置业顾问，虽然他非常喜欢这份工作，但是他所在的楼盘处于刚刚立项的阶段，因此管理有点混乱，老板经常临时给小林布置一些工作。最让小林接受不了的还是老板只考虑先“拿下”客户，先收钱再说，以后再想办法解决客户的问题。

在这种环境之下工作，小林逐渐养成了抱怨的恶习。即便很多相熟的同事劝过他，可是小林就是控制不了抱怨。直到有一天正在小林抱怨的时候，老板对他说：“要是你觉得这里不好，明天就不要来了。”

本来老板说的也是气话，可是小林受不了这种委屈，就毅然决然地辞职了。辞职后的小林来到职业咨询公司，向专家抱怨道：“打工真是太烦人了，我想自己创业了。”

本以为专家会给小林进行辅导，没想到专家却笑着对小林说：“如果你改不了抱怨的恶习，那就永远不适合自己创业！”

为什么我的工作那么多？

为什么我每天都这么忙？

为什么我要加班而别人不用加班？

……

朋友，请你回忆一下自己是不是也曾这样抱怨呢？你能数得过来一天自己抱怨的次数吗？其实，漫步人生路，每个人都要活得洒脱点，不能让自己那么累。即便是身处职场，也要潇洒一些，不要去抱怨，须知抱怨是杀死公司的利刃。

若问一下每一个企业的老板，在他的团队中最不喜欢听到的是什么，相信每个老板都会爽快地回答：自己最不愿意听到的就是员工的“抱怨”。

站在老板的角度去思考，员工们抱怨的次数越多，就说明他们内心的委屈越多。这个时候老板应该主动找员工谈话，找到他们内心形成诸多抱怨的原因，是公司的制度、工作分配、管理出现问题，还是员工的主观思想出现了偏差。这个过程至关重要，这是为什么呢？

因为，如果员工抱怨的症结锁定公司的制度，那就需要老板阶层及时审视公司的制度是否真的有漏洞，一旦有需要改善的地方就要及时完善，这样更利于公司的发展。相反，如果员工的抱怨根源来源于自身的主观意识，一旦不及时解决，就会行事冲动，做起事来会非常的盲目。

面对员工的抱怨，如果没有及时疏通，势必会造成抱怨增多、情绪越来越糟糕，最后导致办事效率降低。这可不是公司的老板所乐见的，长此以往，员工的抱怨迟早会成为杀死公司的一把利刃，摧毁整个公司。

站在员工的角度，每一个公司都有自己的规章制度，无论你是否喜欢目前就职的公司和行业，都不能把个人情绪带到工作当中，应时刻保持乐观的心态，创造更高的效率。唯有在职场上充满自信，处理好人际关系、每一项工作事务，才能明白抱怨并不能解决问题。抱怨会摧毁自我的职场规划，对整个公司也是一种不负责任的表现。

无论你是团队的老板还是其中的一员，抱怨都是职场上的大忌。犯此大忌的人会停滞不前、故步自封，这就要求每一个职场中人都要停止抱怨。相信没有一个人喜欢和抱怨的人交朋友，何况是在职场上打交道呢？

作为一名员工，请停止抱怨你的上司、公司和行业；作为一名老板，请停止抱怨你的员工、制度和规则。这一切都是非常有必要的，停止抱怨会让平素你积累的毒素消失殆尽。

如果公司的老板细心观察，就不难发现那些爱抱怨的员工，抱怨大多集中在老板如何不好、公司如何不好……大多数的员工都跟小林持有一样的想法：有朝一日自己当老板，就再也没有那些烦人的问题了。但是，创业的压力那么大，总是抱怨的人怎么可能不去抱怨呢？

【管理箴言】

抱怨的根源是一种失望和急迫的心情。无论是团队的老板还是员工，抱怨都会让人心态消极、丧失工作的动力，一旦抱怨成性，他们就会养成应付工作的习惯，严重影响公司的业绩和发展。

因为抱怨，员工会消极对抗上司分配的任务，随意跳槽；因为抱怨，老板无法承担市场压力，心力交瘁。因此，一旦手下的员工抱怨成性，老板一定会先辞退这样的员工，否则整个公司都会被这些喜欢抱怨的员工摧毁。

2. 不要总是让员工做令其尴尬的事情

你的员工是否“回避”过你?

员工之间气氛融洽地说话，看见你之后，马上噤若寒蝉。

和你共同乘坐电梯的员工，是否战战兢兢?

你本来很器重一位员工，经常在开会的时候表扬他，可是一段时间之后，员工看见你就很尴尬。

……

马上回忆一下，你的员工是否也这样对待你?

小陈供职于一家邮币卡交易中心，他所在的部门是信息技术部，因为他工作出色很得直属上司部门经理的器重。一次接待外宾，他出色的表现给总经理留下很深的印象，在以后的工作中总经理格外眷顾他。一次开例会，总经理点名让小陈也参加会议，这让小陈的部门经理有些不满，感觉小陈抢了自己的风头。

时间长了之后，总经理会向小陈布置整个部门的工作，而不找他的部门经理了。这让小陈越来越尴尬，因为他也察觉到了来自部门经理的压力。

无论是企业还是一般的事业单位，每一个单位都有一个金字塔结构，一级管一级，并由此形成了一个组织的正常秩序，作为老板，最好不要破坏这种组织秩序。

案例中的总经理，越级指示小陈的工作本无可厚非，但是却在无形当中令小陈陷入了特别“尴尬”的境地，否定了小东部门经理的权威，架空了他的存在，自然会让小陈招致部门经理的不满。

作为老板，不应该总是让员工做尴尬的事情，如果间接上司越级向下属布置工作，极易给下属培养得意忘形的基础。

在职场中，类似尴尬的情况还有很多，比如：员工上班穿的衣服老是不得体，对他说：“你也勤劳一点，连衬衫也不烫！”这句话会给员工造成一定的尴尬。事实上，老板可以这样表述：“你烫一下衬衫，一会儿出去见客户，客户会觉得我们公司非常专业！”这么说的话，员工自然会感觉老板是站在公司的利益来表述，势必会更加努力地为公司着想。

林旭是公司的老员工了，熟悉公司的每一个部门、环节和工作流程，本来顺风顺水的他遇到了一件烦心的事儿。公司新调派了一位总经理，总经理的雷厉风行给整个公司注入了新鲜的血液，备受公司员工的尊重。可是总经理助理却有点狐假虎威，每一个跟总经理助理打过交道的人，对其工作态度和方法都颇有微词。尤其是林旭，前两天他就与总经理助理发生了争执，本来就是公司的老人，自然有资格就事论事。

虽然争执的风波过去了很久，但是林旭仍然不愿意与总经理助理打交道。可是，一心想让二人“一笑泯恩仇”的总经理为了缓解两人之间的矛盾，最近总是安排两人共同完成一项工作，这让林旭特别尴尬。

在总经理看来，一旦员工发生冲突，即便恢复起来很难，但是这种情况其实对员工来说也是一种挑战，挑战员工是否能够重建破损人际关系的能力。初衷虽好，但是作为老板首先需要确认的是，矛盾双方的员工是否愿意重建破损的人际关系。

人在职场，难免会有一些员工“很难”共事，但是他们在自己的岗位上都有很出色的表现。这个时候，无论为什么，老板均不能将这些同事安排在一起工作，否则大家会显得很尴尬。

让我们回到文章开头的那些例子，为什么员工看见你会觉得尴尬？为什么跟你乘坐电梯，员工会自然而然地紧张？这些都是因为老板的存在给员工带来的压力，回避老板会给员工一种“胜利大逃亡”的感受。自然而然，对于那些感受到压力的员工来说，和老板独处无疑是一件非常难过的事情。

对于许多员工来说，老板几乎等同于“压力”。尽管很多时候，一些老板也会试图给员工一些平易近人的感觉，但是，老板的身份依然给员工造成了一定的压力。此时，老板已经给员工造成了压力，加之让其做些尴尬的事情，会在一定程度上给员工造成更大的心理压力，影响到工作时的发挥。

【管理箴言】

作为一个老板，无论是带领团队还是公司，都不要总是让员工做令他尴尬的事情，无论是越级安排员工工作，还是让有过口角的员工共事，抑或其他，一定不能让员工在工作时陷入尴尬。这样才能让员工更加自如地发挥自己的潜能，为公司的业绩添砖加瓦。

3. 学会化解员工心中的怨恨

2013 年 10 月 9 日，00:20 左右，有网友反映某网站旗下多个网站无法打开，出现错误页面。随后，网站的工作人员发现该网站遭人恶搞，该网站旗下 27 个站点全部瘫痪，多种资料数据等全部丢失，估算直接经济损失达 30 余万元。

该网站技术人员发现“黑客”并非攻破服务器，而是通过 FTP（文件传输协议）连接上服务器进行破坏。该网站怀疑这是离职员工侯某所为，11 日网站召集离职员工查证，但被侯某否认，随后该公司便到市公安局报警了。

据该市警方透露，侯某对自己的行为供认不讳。侯某因误认为该网站将其博客删除，心中不满，便对该网站 FTP 名下文件包的内容进行了删除、篡改等破坏行为。

在管理员工的过程中，如果员工心生怨恨，那么势必会消极对待工作，更有甚者还会像案例中的侯某一样，做出有损于公司的事情，对公司造成一定的影响。那么，站在老板的角度，应该怎样化解员工心中的怨恨呢？

（1）让员工意识到怨恨对工作的危害。员工出现的所谓“怨恨”无非是在工作的过程中积累的负面情绪，包括抱怨和冲动、烦恼和愤怒、争吵和谩骂以及消沉和悲观……怨恨存在的最大危害就是影响和同事的正常工作交流，甚至会影响到和家人的和睦相处。

每个人都会怨恨，这很正常，但是毫无疑问，怨恨是每个人进步或者是晋升的大敌，在一定程度上也是阻止每个人事业成功的罪魁祸首。因此，每个老板都应该让员工清醒地认识到怨恨的危害，在此基础上还要让员工学会自我调控，以及及时化解工作中出现的任何负面情绪。

（2）向员工传授化解怨恨的诀窍。一位名人曾这样描述思绪和行为，他说：“弱者任思绪控制行为，强者让行为控制思绪。”换言之，自控能力强的员工是行为主导情绪，而自控能力差的员工是思绪主导行为。

在你所管理的团队当中，每名员工都会有自己的情绪，这很正常。一名员工是否成功，就看他是否能在工作中掌控调试怨恨。要想让自己所带团队中的每位员工都能在工作当中呈现积极向上的精神面貌，就需要老板向员工传授一定的诀窍来化解其心中的怨恨。

从古至今，调控怨恨的招数很多。比如，员工因为前一天被老板批评，第二天上班的时候显得郁郁寡欢。这个时候，老板就应该告诉员工，化解负面情绪的唯一有效途径就是正视这种负面情绪，思忖自己为何会被批评，找到其中的原因，并且在今后的工作中避免出现类似的错误。唯有加倍地努力工作，才能将烦恼忘得一干二净。再比如，曾经缔造辉煌的老员工因为暂时的失意，难免心怀感伤。这个时候，老板应该站在他的角度，让他多回忆过去的成功，激励员工战胜失败。

简言之，发现员工有不良情绪甚至是心怀怨恨的时候，老板应该根据这个步骤对其进行劝解：自我安慰—语言暗示—环境变换—运动驱赶。综上所述，自我调控情绪的办法有很多，当你及时化解员工心里的怨恨时，就看员工怎样把控情绪才能奏效。

（3）老板应要求员工正确掌握自我化解怨恨的能力。人类是唯一可以进行自我暗示的动物。如果一位员工总是被激情和冲动控制，那么他自然会没有自制力。员工没有自制力，自然就会被负面情绪所左右，影响到工作业绩和效率。

授之以鱼不如授之以渔，与其经常开解员工的怨恨，不如直接教员工及时控制好自己的脾气，在负面情绪面前化激动为行善，对负面情绪加以明智的协调，就会成为员工推动工作的正能量。在此基础上，劝解员工在工作中自我调控负面情绪，让理性思维支配自己工作时的情绪。唯有拥有众多善于自控个人负面情绪的员工，才能让自己所带领的团队创造辉煌。

【管理箴言】

有的员工缺乏自控自制的能力，任凭自己的情绪随意发泄，没有自控自制能力的员工，就是缺乏耐心和耐力。如果你的团队中充斥着这样的员工，那么你的团队势必不会有所成就。因此，在管理公司的过程中，应实时观察员工，一旦发现员工在工作的过程中出现“怨恨”情绪，作为老板应该及时化解员工对工作的怨恨，让员工积极地对待每一项工作。

4. 要注意做好员工满意度调查

要想及时了解员工对待公司的态度和想法，有一个方法是最直观的，那就是为员工做满意度调查。员工满意度调查是一种非常科学的人力资源途径，通常以问卷调查的方式，收集员工对公司各个方面满足程度的信息，然后经过科学的数据计算和剖析，非常有效地反映公司运营现状，为公司老板的决议提供一个客观的参阅根据。

公司员工满意度调查还有助于培养员工对公司的认同感和归属感，可以不断增强员工对公司的向心力和凝聚力。每隔一个周期对员工进行满意度调查，可以为员工营造民主的氛围，并且树立以公司为中心的团体氛围，最后在其潜意识里形成团体强大的向心力。那么，怎样对员工进行满意度调查呢？具体有以下三种调查方法。

（1）访谈调查法。包括结构性访谈和非结构性访谈，前者根据事先精心设计的调查问卷对员工进行访谈，后者则没有提纲，可由公司人力资源部门相关人员自由发问。访谈调查法的优点是灵活、具有适应性、效率比较高，缺点为费用大、规模小、耗时长、标准化程度低，且必须事先对调查人员进行培训。

（2）问卷调查法。问卷调查法即设计出调查问卷，分发到每个部门的每个员工手中。包括开放性问卷和封闭性问卷两种，其特点是范围广、标准化程度高、费用低。

（3）抽样调查法。可以分为随机抽样、等距抽样、分层抽样、整体抽样等方法，其特点是灵活、费用低。

在对员工进行公司满意度调查的过程中，相关人员可以遵循以下步骤：

（1）确定调查任务。在调查之前进行研讨，明确调查的目的和内容。

（2）选择方式方法。根据调查的目的和内容，科学有效地选择调查方式和技术手段。

（3）设计调查问卷。设计调查提纲、确定调查目标、列出调查问题、确定调查范围，并且选取调查对象，更有针对性地进行公司满意度调查。

（4）收集调查资料。完成调查问卷的发放及回收这个过程之后，相关部门的工作人员一定要确保调查的数量和质量。

（5）分析调查结果。在调查的尾声，相关人员需整理调查资料，进行检验、归类、统计，形成图表、文字，最后形成评价。

（6）形成调查报告。在调查报中应将发现的问题进行科学分析，最后提出解决的具体措施。

那么，怎样有效地开展员工满意度调查呢？

（1）加大宣传力度，重视对员工满意度的研究。目前，在发展比较成熟的企业中，非常重视员工满意度的调查和研究，俨然已经成为企业常规性的一项工作。因此，在调查之前应做好宣传工作，让员工深刻地意识到开展员工满意度调查的意义。

（2）合理设计调查问卷，注重员工满意度调查研究方法。满意度指的是员工对工作的一般态度，其中蕴含着非常强的主观意识形态。不同员工的认识受诸多因素的影响而不尽相同，因此需要从多个角度，采取多种途径和多种方法相结合的方式对员工进行研究。

(3) 注重研究分析的持续性，建立员工满意度调查工作长效机制。人的需求得到了满足，才会产生满意的感觉。而员工的满足感往往会随着工作环境、薪酬待遇和自身需求等因素的变化而发生转变，因此员工满意度调查是一项需要相关部门持之以恒去做的工作。

(4) 及时跟踪反馈，确保调查结果的运用落实。在给员工做满意度调查工作的初期，深知让员工说出真心话不容易。事实上，只要公司在调查结束后能够及时跟踪，真实地向员工反馈调查问卷的结果，并根据这个结果采取相应措施，为员工解决问题，在接下来的调查工作中，员工的积极性会得到一定的提高。

【管理箴言】

展开员工满意度调查，是公司老板获取员工心理信息的重要途径。经过员工满意度调查，公司可以客观、准确地把握公司实施业务过程中存在的问题，并在客观剖析的基础上，拟订处理疑问的有效计划，最后促使公司展开针对性的改善工作，推进公司战略目标的完成。

5. 老板必须是一个公正的裁判

在评比表彰上，付出同样努力的我，没有得到老板的表扬。

在任务分配的时候，我的任务比部门同事要多。

在职务晋升的关键时刻，业绩最多的我却没有得到晋升的机会。

在涨工资之际，我永远是被老板忽视的那个员工。

……

对于一个普通的上班族来说，受到直属上司或者是公司老板的管制基本上属于家常便饭，会造成心情压抑，如果不能及时调节，最终的结果便是辞职，而站在老板的角度，为了避免优秀人才的流失，需要你做到公平公正，老板必须是一个公正的裁判，才能得到员工的支持和尊重，这样一来，员工才会真心付出，让公司的业绩蒸蒸日上。

人在职场，没有员工喜欢在办事不公、处事不正的老板手下工作。因为唯有公正的老板，才会在任务分配、评比表彰、职务晋升和福利待遇等处对自己的员工做到“一碗水端平”。试想一下，追随这样的老板，员工自然会心情舒畅，全身心地扑在工作上。这样的老板，才能获得下属的拥戴。这是为什么呢?

(1) 公正是老板的品质之源。老板要公正修德。将公正作为老板的一种品德，强调的重点并非一种作为规则和秩序的外在主义，而是一种德行意义上的正直和自觉遵守能力的存在，凸显老板内心对员工的尊重，每一个老板都应努力成为具有正义品质的人。在管理员工的行为上，表现为处理事情公平正当，这就要求老板做到刚正不阿。

(2) 公正是老板的立身之本。老板必须时刻秉承“心术正”的心理特点，才能严格按照公司的规章制度来管理员工，做到对每位员工采取同样的执行标准。作为公司规章制度的订立者和执行者，每个公司的老板都要秉公办事，做到公平不倾斜、公正不护短、公道不藏私，不徇私情。维护老板的严肃性，做到以公正律己、公正服人，这样一来才能得到员工的尊重和信赖。

(3) 公正是老板的为人之要。古人说：“国家大事，唯赏与罚，赏当其劳，无功者自退；罚当其罪，为恶者咸惧。”这句话讲的正是赏罚公平的重要性。想要获得员工的信赖，还需要老板公正待人。尤其是在选贤任能方面，更需要老板要公平处理。在公司规章制度面前，让每个员工获得公平，一碗水端平。既要看到员工的长处，也要看到员工的短处；既要看到员工的优点，也要看到员工的不足；既要看八小时内的努力，也要看八小时外的付出……

(4) 公正是老板的处事之基。老板要公正处事。公道正派、严于律己，是每个老板必须恪守的职业道德，更是提高自身素质的基本要求。想要做到公平、公正，老板需要坚持公司的规章制度，以公司和员工的利益为重，坚持实事求是，对所有员工一视同仁、一碗水端平，绝不能在工作中掺杂个人的感情，戴有色眼镜看人，感情用事。

相信，无论是在国企还是私企，公平公正都是当前老板应着力解决的热点问题，因为它是老板追求的重要目标，关系到公司业绩的提高和发展目标的实现。这就要求，每一个公司的老板必须在管理工作中坚持以公平公正为导向，以满足员工诉求为基础，心中始终装着一杆公平公正秤，唯有如此，才能得到员工的信赖和支持。

【管理箴言】

老板的工作主要就是管理，作为一名老板，每日的日常工作不是管“人”就是理“事”。要想做一名好老板，不仅要管好自己，更要管好你的团队。管好自己，即管理者本人的为人处世，在团队中起到一定的表率作用。管好团队，即培养员工待人接物的方式方法。那么，在员工的心目中，他们是更喜欢一碗水端平的老板，还是凡事不能秉持“公平”原则处理的老板呢？答案不言而喻，在对员工进行管理之前，老板首先得是一个公平的裁判。

在管理的过程中，一个一碗水端平的老板更能得到员工的信赖，在他们看来，自己的老板刚正不阿，自然会站在员工的角度去思考问题，不会让员工得到一丝一点的偏倚。作为回报，员工也会奉献出自己最大的力量，让整个团队乃至企业得到更为长足的发展。

6. 让员工懂得：抱怨不如实干

比尔·盖茨是世界公认的科技天才，他用自己的天赋取得事业的辉煌。很多喜欢抱怨的人会认为比尔·盖茨完全依靠自己的天赋，却没有付出辛苦，事实却恰恰相反。如果你也这么想，那么你就大错特错了！

当你抱怨个人的时间要加班的时候，比尔·盖茨曾经为了一个项目三天不曾合眼。

当你抱怨工作餐不好吃的时候，比尔·盖茨曾经为了一个客户三口吃掉一个汉堡包。

当你抱怨周末和假期永远不够用的时候，比尔·盖茨曾经连续工作 6 年，都没有休息过一天。

当你抱怨无法睡到自然醒的时候，比尔·盖茨早已在工作中练就了在任何别扭的地方都能打盹的技能。

当你抱怨公司组织的海外之旅不尽兴的时候，旅途中的比尔·盖茨依然保持每天工作 16 个小时的习惯。

……

所以，没有人能够随随便便成功，哪一个成功人士不是付出加倍的努力？即便拥有骄人天赋的比尔·盖茨也是非常勤奋的，何况是你？

在管理工作中，老板们经常会听到很多员工抱怨。

为什么只有我最辛苦？

为什么我赚的钱最少？

为什么外企加班到这么晚？

……

人们时常抱怨“上帝是不公平的”，可是上帝唯一公平的是，对谁都不是公平的。每一位员工在职场上遭遇不公平，其他人也会遭遇。每个员工都在承受公司带给大家的事务和压力，即便是比尔·盖茨也不例外，只不过他的努力给他带来更多的回报。

在职场上，每一位喜欢抱怨的员工，都不能脚踏实地地前进，他们不知道成功是需要靠实干来获得的，脚踏实地是一种对自己公司的认真态度。在这个世界上，把时间和精力浪费在抱怨上，等同于白白浪费大好的时光，并错过很多可以取得成就的机会。

因此，面对加班、临时被要求完成某项工作、公司的不公……你可以选择抱怨，然后延误完成工作的最佳时期、错失完善自己工作能力的机会、阻碍自我成长。你的抱怨的确获得了心态上一时的“舒适”，但是如果你一味地抱怨工作，那么就等于是在破坏自己的职业生涯，若因抱怨而丧失行动力，等待你的将是不可挽回的沉沦。

喜欢抱怨的员工，不是被公司辞退，就是自己深觉在企业当中实在无法忍受主动跳槽。他们深信凭借自己的聪明才智，总会找到更好、假期更多、薪水更多的工作。每次一换新工作，他们都采取一种“批评性”的眼光看待工作中的一切，却不知道珍惜眼前的机会，最后只能蹉跎岁月，自己还在乐此不疲地跳来跳去，根本找不到职场目标和机会。

当然，你也可以选择像更多的成功人士那样，选择立足本职工作，兢兢业业地完成手上的每一项工作，并且不断开拓进取，获得更多的成长和机会！不抱怨的员工总是把自己在职场上遭受的不公平化为工作和成长的动力，将别人的抱怨化为行动力，踏踏实实地去改变现下的工作环境，敬业负责，努力实干，唯有如此才可以让你获得成功的青睐！

面对职场上的不公，正确的做法是：闭上你的嘴巴，穿上勤奋的鞋子，赶快赶路吧！除了努力实干，再没有什么能让你获得机会，改变现下的困境了！

站在老板的角度，如果发现团队中的员工出现了抱怨的情况，一定要及时与之沟通，要知道满腹抱怨对整个公司来说毫无益处。一旦不能及时改变员工的这种态度，很可能会使问题加重，更有甚者会影响团队的士气，导致糟糕的工作业绩。

【管理箴言】

如果你的团队中，充斥着喜欢抱怨的员工，那么你的团队是不会有任何效率的。一个出色的员工，或许没有高深的理论素养，但他绝对不会像一只鸭子一样“呱呱”地抱怨。

抱怨是职场的通病，也是事业成功的大敌。那些非常出色的员工并没有时间去抱怨，那是因为他们知道，抱怨不仅会耗费自己的时间和精力，而且于事无补。

这个时候，作为一个团队的老板，你所要做的，就是要让员工懂得：与其抱怨不如脚踏实地地实干，把手头的事情尽可能做好。如果一个员工对自己目前的工作环境不满意，唯一的办法就是让自己摆脱环境、战胜环境进而超越环境。在这个遵循强者法则的职场中，喜欢抱怨的员工根本没有立足之地。

7. 做一个会倾听的老板

如果员工与老板沟通方面出现问题，自然会成为影响员工与老板和谐的瓶颈。高效的沟通是保障企业执行力和高效工作的前提和基础条件，老板向自己的员工发号施令全部仰仗沟通，员工真实领会老板的指令也是依靠完美的沟通，一旦这个环节出现问题，企业的高效执行力怎么能够实现呢？想要有效沟通，需要老板先学会倾听，倾听员工说的每一句话和他们的心声。

在现代汉语词典里，“倾听”的释义是“侧着头，认真地听”。倾听是对倾诉者的一种充分尊重，更是获取信息的一条重要渠道，还是管理员工工作的一种服务能力。古人说：“言能听，道乃进。”作为集体决策的成员之一，在决策之前，老板要听取员工的意见，学会倾听，才利于统筹协调。倾听员工的心声，才能真实了解员工的诉求，这是对老板的基本要求。那么，在倾听的过程中，老板需要秉承哪些要素呢？

（1）耐心倾听。耐心是倾听质量的保证。保持耐心，才能让员工畅所欲言，老板才能听到员工完整的意见，明白其真实的意思，使老板和员工的交流变得更加融洽。

很多人认为倾听是一件小事，根本不值一提。事实上，耐心倾听是尊重员工、平等对待员工的具体体现。如果老板居高临下，在倾听中就会出现急、躁、烦的心态或者行为，让员工顾虑重重。倾听的时候，不要随意打断员工的谈话，给其充分表达的机会。

老板是公司决策的制定者，这就需要老板安排时间倾听员工的意见，不要以工作忙为由，更不能对员工的倾诉满不在乎，要给员工留有足够的时间，让他们把在工作中积累的情愫说出来，这样更有利于老板的管理。

（2）静心倾听。星云大师在《佛光菜根谭之励志篇》中讲道："静心者恩怨不能乱其神， 有德者是非不能扰其心。"老板们每天的工作任务繁重、责任重大、压力也很大，但尽管如此也必须克服自己的负面情绪，心境平静地去倾听。

唐太宗李世民多次被谏臣魏徵尖锐的措辞激得面红耳赤，但他能够容人谏言，反而从魏徵那里受益匪浅。每一个公司的老板也要具备"倾听"的素质，既要有"听"的姿态，还要有"容"的胸襟，包容员工的不同意见，认真听取员工的意见，才能让员工知无不言、言无不尽，更利于自己的管理。

相反，如果老板心胸狭窄气量小，听到赞同的意见就笑，听到反对的意见就跳，听到员工没有完成任务就骂……这会让员工有话不敢说、有言不能谏，试问，老板还怎么进行管理呢？

（3）诚心倾听。"诚"是一种道德修养、一种本色表现，是不能用任何技巧、策略、语言来掩饰的。诚心就是真心实意、坦诚相待，如果"心"不诚，倾听就不可能听到真话。诚心倾听，需要真诚对待员工，一句真诚的安慰、一个实际的行动，都会被员工看在眼里、记在心中，从心底接受、感谢和拥护老板。

诚心倾听，还需要换位理解。大多数的员工向自己的老板倾诉，均是因为心里有解不开的疙瘩或者是在工作的过程中遇到了棘手的问题，老板要学会换位思考、易地而处，设身处地地为自己的员工着想，理解他们的心情和需要。诚心倾听，还需要彼此信任。不单单是职场，在我们的生活中，信任都是彼此交谈的基础。唯有感受到了老板的信任，员工才会毫无隐讳地讲真话、说实情。

(4) 用心倾听。“倾听”不是简单地用耳朵听，而是用心去感受、去思考、去回应。如果表面上在听，实际上把员工的话当作耳边风，左耳进、右耳出，徒有倾听的姿态，没有倾听的真诚，反而会引起员工的反感和逆反心理。用心倾听，需要带着问题。唯有带着问题去倾听，才能揣摩员工的心理。在与员工沟通的过程中，应适时地做出反应，及时求证员工观点，这样才能正确把握员工的意见，从而有效地找到解决问题的办法。

总之，善于倾听，有助于信息对称、有效沟通，有助于科学决策、民主决策，有助于畅通民意、改进作风，有助于密切党群关系、干群关系，践行好党的群众路线。

【管理箴言】

想要了解员工的心态，老板最好面对面地听完员工对企业管理的建议和看法，毕竟面对面的沟通才是最有效的沟通方式。学会做一个会倾听的老板，可以培养员工对老板和企业的忠诚，提高团队和企业的执行力。

8. 处理不满情绪时要注意什么

在管理团队的过程中，员工会出现不满的情绪，如果找不到员工不满情绪的症结所在，势必会影响到老板的日常管理和团队的进步。想要正确处理员工的不满情绪，首先要了解员工为什么会产生不满情绪。

不满情绪是一种正常的心理情绪，当员工认为自己受到了不公正待遇的时候，就会产生不满情绪。不满情绪看似棘手，却有助于缓解员工心中的不快。老板大可不必对员工的不满情绪产生恐慌，因为了解了员工的不满情绪就会找到正确处理员工不满情绪的方法所在，因此老板一定要认真对待员工的不满情绪。

不满情绪本身并不可怕，可怕的是老板没有及时体察到这种不满情绪，一旦任其蔓延下去，最终将导致老板在日常管理中出现混乱的局面和矛盾的激化。员工出现不满情绪的症结大致集中在以下四个方面：

（1）工作环境。员工对工作环境和工作条件的抱怨几乎能囊括工作的各个方面，大到工作场所的地理位置，小到公司信笺的质量等。

（2）同事关系。在工作交往密切的员工之间，同事关系的抱怨凸显得更加明显，部门内部员工之间的抱怨会更加突出。

(3) 部门关系。部门之间的抱怨主要是由以下两方面造成的：部门之间的利益矛盾和工作衔接不畅导致员工的抱怨。

(4) 薪酬问题。薪酬直接关系着每位员工的生存质量问题，因此薪酬问题肯定是员工抱怨最多的内容。如果本公司薪酬与其他公司存在一定的差异，不同职位、不同学历、不同业绩薪酬的差异，薪酬的晋升幅度、加班费的计算、年终奖金的发放和差旅费的报销……均可能成为员工抱怨的话题。

当了解了员工的不满情绪之后，老板需要根据引发员工不满情绪的原因对其进行正向的解决，大致可以通过以下四个步骤。

(1) 乐于接受不满情绪。不满情绪无非是一种发泄，出现不满情绪的员工需要听众，而这些听众往往是他最信任的那部分人。当发现下属在抱怨的时候，作为老板可以找一个单独的环境，让员工无所顾忌地进行抱怨，你所需要做的就是认真地倾听。只要你能让他在你面前抱怨，你的工作就等于成功了一半，因为你已经在这个过程中得到了员工的信任。

(2) 了解不满情绪发生的起因。任何不满情绪都有起因，除了从抱怨者的口中了解事件的原委之外，老板还应该听听其他员工的意见。如果是因为同事关系或部门关系产生了抱怨，一定要认真听取双方当事人的意见，切忌偏袒任何一方。在事情还没有完全了解清楚之前，老板不应该发表任何言论，过早的表态只会使事情变得更糟。

(3) 与有不满情绪的员工进行平等沟通。事实上，80%的不满情绪是针对小事的抱怨，更有甚者是不合理的抱怨，它来自员工的工作习惯和敏感。对于这种不满情绪的发生，老板可以通过与抱怨者平等的沟通来解决。首先，老板要认真听取员工的抱怨和意见，其次对抱怨者提出的问题认真地解答，并且对员工的不满情绪进行友善的批评，这样做就基本可以解决问题。

另外20%的不满情绪是需要做出处理的，它往往是因为公司的管理或其他员工的工作出现了问题。对抱怨者首先还是要平等地进行沟通，使其心境平静下来，阻止其不满情绪的扩散，然后再采取有效的措施。

（4）果断地处理，让抱怨者脱离不满情绪。在需要老板做出处理的不满情绪中，有80%是因为管理混乱造成的，由于员工个人失职的只占20%，因此规范工作流程、岗位职责、规章制度等是处理这些不满情绪的重要措施。在规范管理制度之前，应采取公开、公正的原则，首先要让当事人参加到公司各项管理规范的讨论中，甚至是共同制定。对于制定好的规范，要向所有的员工公开，并且深入人心，得到员工的认同，唯有如此才能保持管理的公正性。

【管理箴言】

不满情绪是一种发泄，当员工认为自己受到不公待遇的时候，就会采取一些方式来发泄心中的怨气。不满情绪还具有传染性，如果老板不加以制止和正面的引导，可能还会出现工作效率降低、拒绝执行工作任务和破坏公司财产等行为。因此，站在老板的角度，一定要及时处理员工的不满情绪，避免公司的利益受损。

公司靠制度打天下

企业靠落实定江山

第五章

责任制胜：落实到位的关键就是要让责任到位

人在职场，工作执行到位即可；责无大小，落实才是王道。职场中人，个人能力、行事作风固然重要，但是更重要的是一个人是否具有强烈的责任心。企业真正需要的，是具有责任心的员工，责任心是企业发展的原动力，具有责任心的员工能够在工作中完美地落实责任、执行到位。唯有责任到位，才能让制度落实到位，让企业腾飞！

1. 工作，生命可以承受之重

在漫长的人生旅途中，人大部分的时间都是在工作中度过的。换言之，工作就是我们实现人生价值的舞台，更是我们拼搏进取的支点。工作，让我们有了生存的基础和来源。如果没有工作，还谈什么理想、价值，谈什么人生追求？因此，对于绝大多数人来说，工作具有不可取代的意义。

从我们踏入社会的那一天起，从第一份工作到退休大概有35年的时间，每天1/3的时间都是在公司度过的。工作的时间，占到我们整个生命的一半。作为谋生手段，工作被大多数人所认可，这应该是工作的最基本目的。那么，这是否就意味着，假如我们衣食无忧，就可以不工作呢？

美国社会学家怀兹曾经进行过一项这样的调查：当你拥有一笔不必工作也能维持生计的遗产的时候，你是否会选择脱离职场的行列？调差结果显示，竟然有80%的人回答：即使自己生活富裕，仍然愿意继续工作。这是为什么呢？

工作是一种乐趣。

保持自尊心。

以此维持自己的健康。

可以促进人际交往。

证明自己是活生生的人。

通过工作，可以使自己的内心经常保持充实感。

……

他们的理由非常丰富，凡此种种不一而足。

从这个小小的调查中，我们可以看出，对每个人而言，工作除了是谋生的手段之外，还具有更为重要的意义，那就是证明自己的社会价值、实现自我存在的意义。因此，我们没有漠视工作的理由，相反，我们应该以虔敬之心对待它，这就是敬业的含义。

可是，在我们的日常工作中，有很多人总是觉得自己大材小用，甚至对自己的工作充满了抱怨，总是认为自己应该干更为重要的工作。还有很多人总是抱着一副公司需要我、工作需要我的态度，却从来没有想过，这个世界根本没有哪份工作必须由你来做才能完成，而是你必须要有一份工作来维持你现有的生活，并且愉快地度过你的人生。更有甚者，总是把工作当成包袱和负担，对自己的工作抱着一种应付的态度，当一天和尚撞一天钟，得过且过、敷衍塞责……这些不珍惜自己的岗位，好高骛远、这山望着那山高的“职场人士”，到头来只会一事无成。究其原因，是他们没有想过：工作对他的人生意义是什么？

(1) 工作能够使人们得到最基本的生活保障。这一点是非常重要的，一份好的工作能给人带来一份好的收入，使其物质生活得到保障，还能在一定层面上丰富精神生活，同时让自己更加投入到工作当中去。

(2) 工作能够体现自我的人生价值与追求。每个人都有自己的理想，所有的梦想都需要在一个平台上、一个团队中才能更好地得到实现。公司给每个有理想的人一个舞台，让其充分发挥自己的特长。作为回馈，员工需要做的就是把自己的全部精力投入到工作当中，让团队更强大、公司更强大。

(3) 工作是个人尊严的一种体现。对于女性，尤其是现代女性而言，有自己的事业，既可以为自己的家庭分担一部分压力，同时也是证明自己的一个有力说明。

(4) 工作是个人责任与担当的一种体现。每个人都应该承担相应的责任，不管是对国家、社会，还是对公司、家庭。拥有一份工作，首先是公司和老板对自己的信任，将自己放到一个重要岗位更是一种认可，自己应该用认真工作来回报公司；其次这也是体现自己能力的一个平台，自己更应该不遗余力地投入到工作当中去。

【管理箴言】

珍惜才会拥有，感恩才能长久。唯有珍惜工作，人们才能热爱工作、热爱事业，进而释放出对工作的积极性和创造性，百分之百地投入到工作中去，全力以赴地做好自己的工作。

尽管工作能力有高低，可能需要后天的努力不断去提高，但是工作的热情与积极性却是由个人主观决定的，所以在本职岗位上踏实肯干是一个人有责任心的体现，这也是我们每个人目前坚持努力的方向，从而实现公司与个人的双赢。

2. 用100%的工作热情做1%的事

拿破仑·希尔说过："要想获得这个世界上最大的奖赏，你必须像最伟大的开拓者一样，将所拥有的梦想转化为为实现梦想而献身的热情，以此来发展和销售自己的才能。"

追溯历史，不难发现有许多巨变和奇迹，无论是社会还是经济，抑或哲学还是艺术，都是因为参与者付出100%的热情才得以进行。拿破仑只要两周的准备时间，就能发动一场战役，换成别人或许需要一年的时间，为什么拿破仑可以花费那么短的时间呢？普通人之所以会和拿破仑有如此大的差别，完全是因为拿破仑对在战场取胜拥有极高的热情。

伟大人物对使命的热情可以铸就历史，而普通员工对工作的热情则完全可以颠覆自己的人生。最著名的人寿保险推销员——贝特格，完全是凭借自己对工作的高度热情，缔造了一个又一个的奇迹。

对于一名普通的员工来说，唯有凭借热情，才能释放自我潜在的巨大能量，发挥出一种坚强的个性；借助热情，才能将枯燥乏味的工作变得生动有趣，让自己更有活力，培养自己对事业的狂热追求，继而在工作上取得更大的成就；借助热情，还可以感染身边的同事，让他们更加理解你、支持你，拥有更好的人际关系；在工作中注入热情，更能获得老板的提拔和重用，赢得更为珍贵的成长和发展机会。

一个没有热情的员工是不可能高质量、高效率地完成自己工作的，更不可能创造出傲人的业绩。一旦一个人对公司失去了热情，那么他将永远不可能在职场中立足和成长，更不会拥有自己成功的事业和充实的人生。

大多数人在刚入职的时候都是充满激情的，可是在工作一段时间后，往往会失去最初的那种热情，变得对公司、工作漠不关心。相信，这是很多人都曾经遇到的问题，这也是非常危险的，站在老板的角度，如果碰到这样的员工，需要及时处理，让员工对工作充满热情。

对工作的热情完全来自员工自身的潜质，是一种心理固有的基因。从这个层面出发，每一个员工都富有对工作的热情，热情是大家自身潜在的无穷无尽的财富。如果在工作当中倾注热忱和专心，就要求每一个员工都要把自己完全沉浸在公司的事务当中，无论事务大小都应该集中全力，全力以赴。

对于那些意志涣散的员工来说，做一个富有热情的人，的确是一个挑战，做起来并非易事。但是纵观国内外职场，凡是那些以工作为目标，无限地向之靠近的员工都非常受老板的青睐。热情是工作的灵魂，是个人和团队成功的基石，是企业的活力之源。

因此，从现在开始，对你的工作倾注全部的热情吧！

【管理箴言】

以100%的热情去完成1%的工作，看似非常不划算，但实际上却会给员工带来主人翁般的归属感，长期对工作充满热情和激情，可以激活企业活力，让员工为之奉献更多的力量！

很多员工都会抱怨自己的工作太枯燥了，可是实际上所谓枯燥的工作，往往是员工对待公司的主观态度在作祟，想要解决这一问题，需要员工将看问题的视角对准自己。如果员工不能充满热忱地对待自己的工作，那么即便让他做他喜欢的事情，时间长了他也会觉得工作乏味至极。

3. 唯有责任才能让能力展现最大价值

如果被问起，最基本的职业精神是什么？你会怎么回答？

相信，在所有的老板看来，“责任”是一个员工最基本的职业精神，极具责任的员工能够迅速脱颖而出。一个人的成功，往往并非来自他的天赋、后台和八面玲珑，很大一部分原因来自他们对工作的卓越追求和不断超越自我的努力。是的，责任胜于能力。

在这个世界上，没有不能完成的工作，只有不负责任的员工，在这个层面上，责任承载着能力，一个充满责任感的人，更有机会充分展现自我能力。从本质上来说，责任是一种与生俱来的使命感，它伴随着每一位员工。

实际上，唯有那些勇于承担责任的员工，才会被老板赋予更多的使命，进而才有资格获得更大的荣誉。一个在责任感上匮乏的人，换言之就是一个不负责任的人，所丧失的首先就是对自己的基本认识，继而失去他人对自己的尊重和信任。更有甚者，还会失去自身的生命之本——尊严和信誉。

什么是责任？责任就是职责和任务，是分内应做的事情。在这个世界上，每个人都在扮演不同的角色，更要承担不同的责任，更是一和与生俱来的使命。随着职场生涯的开启，每一个员工都要用一生的时间来履行自己的责任。

无论你所从事的是什么样的工作，唯有认真、勇敢地担负起责任，你才能做更多有价值的事情，收获也才会越来越多。有的员工会说，担负起责任很难。可是，还有一些员工却认为担负起责任非常容易。你认为这是因为他们所负责的工作隶属不同类别所造成的？

那么，你就想错了。一个人有没有责任完全不在于工作的类别，而在于做事的那个员工。只要员工想做并且愿意去做，那么他就一定会做得很好。我们每个人都在生活中扮演不同的角色，工作并非生活，只有一个角色，那就是扛起责任去做事，唯有责任才能让能力展现最大价值。

无论一个人在单位的职务是什么，从事什么样的工作，他都必须负责任，这就是社会的生存法则。当你在为单位工作的时候，就要担负起责任来。那些在工作中喜欢推诿、总是埋怨环境、习惯找借口而不是找工作方法、经常为自己开脱的人，往往是职场上的被动者，即使工作一辈子也不会有任何升职的机会。而且，这样的人也不会得到同事的信任。自身的能力和价值，只有通过奋斗来取得。制约一个人是否成功的因素有很多，但是唯有责任才能让能力展现最大的价值。责任胜于能力，这是毋庸置疑的。责任依靠工作来证明，业绩依靠责任去创造。

【管理箴言】

一个人在工作中的业务能力固然很重要，但是相对于个人的能力和天赋，责任更为重要。当然了，最好的状态是一个人既有强烈的责任心，又有出色的工作能力。

在职场上，你可以没有伟大的业绩，也可以没有丰厚的业绩，但是不能没有责任心。无论在什么时候，员工都不能卸下肩上的责任，肩挑责任就是扛起自己生命的信念。责任并不会帮助你获得人生的捷径，却是挖掘自我潜能的天梯，更可以改变一个员工对待工作的态度，从而获得更多的工作成绩。

4. 落实为先，利润为后

马云说："三流的点子加上一流的执行，强于一流的点子加上三流的执行。"马云是怎样带领阿里巴巴一路狂奔，成为国内电商巨头的？这是最让坊间感兴趣的一个问题，是因为他赶超时代创办淘宝，还是懂得营销，一路勇猛精进？

不，马云之所以取得今天的成功，完全是依仗其强大的执行力和落实力。从某种意义上讲，执行制度、落实责任是一个发现问题和创造价值的过程。唯有真抓实干、落实责任才能有效执行规章制度，让管理工作接地气，缔造企业的辉煌时代！

无论是外企还是国企，世界500强之内还是之外，每一家公司都有自己的规章制度，公司靠制度管人，按规章办事，让执行落地。

一个公司要想取得一定的成绩，在行业立足，必须靠执行和落实说话，执行制度、落实责任，告别责任缺失，才能让绩效管理落地。在"制度为王"的时代，狠抓落实责任的公司才是行业的王者。如果你没有靠制度打天下、靠落实定江山，那么你的管理就是不到位的。

三百多年前，英国哲人培根说过：“有制度不执行，比没有制度的危害还要大。”三百年后的今天，这句话仍然让人振聋发聩。无论在什么时候，落实制度都是决定商业竞争、公司治理成败的根本所在。即便老板有再伟大瑰丽的构想，再完美的制度，只要离开强大的执行力，都会成为镜花水月，变得虚无缥缈。唯有落实了制度和责任，才能在完善制度、落实执行责任的基础上追求公司的利润。

想要成功做到这一点，就必须进一步增强员工的工作责任心和敬业心。看看自己团队中的每一员，是否是经常推诿工作、没有责任心的人？如果是的话，那么说明你的团队很难落实责任。管理团队如斯，管理公司亦是如此，不能落实责任，即无利可寻。

用人之道，有四象限：

有德有才者，必破格重用。

有德无才者，可培养使用。

有才无德者，需限制使用。

无德无才者，定坚决不用。

可见，“责任与能力”和“德与才”有着众多相似之处。站在老板的角度，谁能不喜欢有德之人？而用人，更要用有责任心之人。在工作当中，要多一份责任心和敬业精神。需时刻提醒自己，责任胜于能力，唯有落实责任才能追求利润。

所有成功的公司都有一个共同点：严守制度、狠抓落实、落实责任是一个公司走向成功必不可少的要素。责任不分大小轻重，关键在于能否落实。无论规模大小，公司部门之间都是责任相连，构成了一个同心圆状的责任圈。

打造一个负责高效的执行团队，才能全面提升企业的落实力。落实责任是员工进步的支撑，也是企业发展的原动力。而落实责任的本质，无外乎每一位员工的责任心，还有一种恪尽职守和负责任的态度。

【管理箴言】

有了制度不去执行，等于一纸空文。有了责任，不抓落实，你的公司迟早会走向末路。实践制度为王、落实为先、利润为后的模板，才能实现公司的实战攻略。一个没有责任的民族没有前途，一个没有责任的人不可靠，而一个缺乏责任的组织终将失败！只有将责任落实到位，才能获得完美的业绩，成就企业与个人的双赢！

5. 工作中引入价值管理

工作当中要引入价值管理，首先我们要搞清楚什么是价值管理？价值管理，也被称作“基于价值的管理”，是一种基于价值的企业管理方式。在现代企业当中，价值化管理被广泛应用。公司的体制、制度、战略、业绩量化和文化都紧紧围绕着价值管理来开展，以价值为基础的管理，是价值管理的核心管理方式。

在欧美现代企业制度中，价值管理已经得到了非常成熟的应用。可是，在国内企业的应用过程中却鲜有成功的例子。这是为什么呢？原来，很多国内企业认为价值管理体系是财务部的工作，或者更倾向于将它与财务体系相挂钩。

不同于传统的企业管理制度，现代企业管理制度引进价值管理，首先认可其是一种新的制度创新。价值管理是一种思考和决策的方式，这意味着价值创造是一切，想要做好企业或者是团队的管理工作，价值管理就是一个很有效的方式。

如果在管理团队和企业的过程中引入价值管理，可以最大限度地发挥创造力，整合各种资源，增强企业和团队的内在驱动力，改善组织架构，增强组织效率。

企业想要可持续发展，可以在工作中引入价值管理。如果一个企业只追求利润的最大化，而放弃企业一直以来依赖的内部发展机制，这是一种目光短浅的行为。价值管理的一个重要特征就是重视可持续发展，有的企业盲目地扩大产能，妄想通过市场规模的扩大达到企业利润的最大化。但是，只依靠量的扩大并不能让企业获得长期的良性发展，盲目地扩大产能只是在浪费宝贵资源的基础上，冲击正常的行业规范。正是价值管理，将企业的目标转移到良性的盈利上。

价值管理的优势还包括改进企业的管理模式，它并非只是改进财务人员的决策，价值管理体系所要实现的是评估企业价值、改进企业的管理层机构、改进管理层的决策。需要强调的是，价值管理还将以价值为基础的管理和影响工作的各个因素紧密结合起来。价值管理更加侧重于强调应用，而不是方法。

价值管理可以有效改善老板与员工的价值沟通，基于价值的管理需要通过一系列的行为才能实现，这就涉及企业老板应该在对价值目标的认识上与员工达成共识。因此，企业老板与员工之间的价值沟通是价值管理中的重要一环。

【管理箴言】

作为现代企业的重要管理方式，价值管理是现代企业的必然选择。让企业从上到下、每个部门、每个团队乃至每个工作人员，都参与到公司的经营活动中去，每个环节都是为了让大家的工作更加有效率，综合各个职能部门的优点，整合各个职能部门的实力，实现公司的价值管理目标。

6. 做人力资本，不做人力成本

在企业管理当中，什么才是企业需要着重努力控制与改善的部分？答案自然是人力资本浪费的改善。在过去，被认为是隐性成本的人力资本，在现在已经处于企业管理的核心位置。随着管理的精细化进程，企业的人力成本已经不再被仅仅认为是人力成本，而是人力资本。那么，什么是人力资本呢？

人力资本，指劳动者受到教育、培训、实践经验、迁移、保健等方面的投资而获得的知识和技能的积累，亦称“非物力资本”。作为“活资本”的人力资本，具有创新性、创造性。

人力成本，指企业在一定的时期内，在生产、经营和提供劳务活动中，因使用劳动者而支付的所有直接费用与间接费用的总和。

人力成本是现状，人力资本是靶子，人力资源部门的工作人员使用的工具是弓和箭，他们的工作就是把箭准确地射向靶子。当把箭射向靶子的时候，势必会遇到各种各样的阻力和干扰，仿佛一直在被一根无形的橡皮筋放出去继而又拉回来。或许，这就是许多企业人力资源管理的现状。从人力成本到人力资本的转化，无疑是人力资源从业者和其他经营管理者所要做的工作。这是怎么一回事呢？

很多人认为，企业的人力成本仅仅是工资、福利等的支出，事实上则不然。

(1) 人力成本并不等于工资。假如企业给员工支付1000元的工资，那么人力成本绝不会是这直接的1000元，还有很多间接费用。

(2) 人力成本也不等于工资的总额。有人说，既然人力成本不等于工资，那是不是等于工资总额呢？当然也不是。人力成本，包括工资总额、社会保险费用、福利费用、教育经费、住房费用以及其他人工成本。

(3) 人力成本更不等于使用成本。从人力资源的分类出发，人力成本可以大致分为获得成本、使用成本、开发成本和离职成本，可见使用成本只是人力成本的一部分而已。

而人力资本的问世，突破了传统理论中的“资本只是物质资本”的束缚，将资本划分为人力资本和物质资本两大类。这样一来，就可以从一个全新的视角来研究经济理论和实践。

我们搞明白什么是人力成本和人力资本之后，完成从人力成本到人力资本的转化，要做哪些工作呢？

从支出的角度出发，人力的确是成本，这是传统思维模式的观点，节省前期投入就等于多赚利润，因此很多企业的管理者都将视角停留在这个上面，人力成本管理的特色往往是抠、卡、罚，无法兑现对员工的承诺，导致内部诚信遭受质疑，整个企业的效率降低。可以说，人力成本固然节省了一定的前期投入，但是其隐性成本却因此加大，反而得不偿失。

而人力资本的出发点则不同，任何企业的营利其实都是依靠投资。只是这种投资并不局限于金钱，还包括人、人脉等各种资源的积累和运用。如果将人作为一种投资对象，加以很好的运用和发挥，那自然是一笔财富。

在众多的因素当中，人是各种因素中最不稳定的一种，所以对人力资源工作者来说，在实际的工作当中，包括招聘、培训、绩效、激励、薪酬等在内的所有工作，都是围绕从人力成本到人力资本的转化进行和开展的。

从人力成本到人力资本的转化，就是不断把人才聚集到一起的过程，带动企业进行更加细致的管理工作，为企业创造更多的发展机会。

【管理箴言】

经营好企业首先要经营好人，企业的责任就是把人力成本转变为人力资本。人力资源首先是人力资本，这是企业发展的第一生产力。人力资本让企业更关注员工，一起创造和分享。唯有缔造更多的激情和共同的目标，才能成为企业不断发展的动力！

7. 落实责任没有小事

在工作当中，每一名员工都要清醒、明确地认识自己的职责，履行自己的职责，发挥自己的能力，克服一切困难来完成工作任务，并承担起自己所在工作岗位的责任。要知道，落实责任没有小事，无论从事何种工作，每个人都应在工作中把被动转化为积极主动，每当遇到困难的时候，员工都要积极地想办法去克服，而并非找借口退缩。

阿尔伯特·哈伯德曾经说过：“一个人即使没有一流的能力，但只要你拥有敬业的精神同样会获得人们的尊重，即使你的能力无人能比，如果没有基本的职业道德，也一定会遭到社会的遗弃。”落实责任是敬业的表现，敬业则是责任的延伸。落实责任是一项最基本的职业道德，一个对工作敬业的员工才会得到上司和同事的敬重。

没有一个想有所作为的人，不秉承敬业的态度对待每一项工作。也没有一个把敬业意识深植于自己脑海里的人，会消极地面对自己的工作。落实责任没有小事，一个能将责任稳扎稳打落实在自己所做的每个工作事项中的人，很自然地会从自己的工作中体会到快乐，从而获得更多的经验，并且取得更大的成就。

想要成功地落实责任，需要每个员工都能认识到责任的重要性。一个员工的能力再强，如果他不愿意落实责任，他就不能为企业创造价值。而一个愿意为企业全身心落实责任的员工，即便专业能力稍逊一筹，也是能够创造出很大的价值的。

通过学习可以进一步认识到落实责任比能力更加重要，而敬业又比水平更重要。当你处理日常工作的时候，无论你被老板安排在哪个位置上，都不要轻视自己的工作，无论老板安排你做策划、接待的工作，还是平素的打扫卫生的工作，你都要承担起工作的责任，成功地落实责任。

须知，责任本身就是一种能力，而你的能力永远都由责任来承载。只有责任才能赋予能力展现最大价值的机遇，能够将责任落实的员工极具创新和开拓的精神，他是绝不会在没有努力的情况下事先找好借口和退路的，无论遇到什么样的挑战，他都会想尽一切办法来完成老板安排的工作。

或许，那些喜欢糊弄工作、得过且过、当一天和尚撞一天钟的员工会因为推诿工作而感到轻松，但是他们自己不知道，自己往往处在上司裁员的“热门人选名单”当中。那些人所谓的“耍小聪明”无非是一时的轻松，只有认真地工作、成功地落实责任，才是真正的聪明，是大智慧。

【管理箴言】

爱默生说：“责任具有至高无上的价值，它是一种伟大的品格，在所有价值中它处于最高的位置。”责任是一个人高尚品格和能力的承载，它可以帮助一个人走向成功。那些所谓的失败者都有一个特征，那就是没有责任感。责任是一种伟大人格的展现，一个人在工作岗位上落实责任乃是最有魅力的时刻，聪明、学识、天赋、才智、机缘……这些因素固然能够促成一个人成功，但是一个人一旦缺乏责任感，不能在工作中落实责任，他仍然不会取得成功。无论你身在何种岗位，只要你身处职场，只要你选择了一个公司、一个岗位、一份工作，就等于选择了责任，都要时刻谨记：落实责任没有小事。

8. 要“全力以赴”不要“尽力而为”

哈佛大学商学院教授丹尼斯·辛莱克曾经对500家公司做过一个调查，结果显示：接受调查的员工中有80%的员工视工作为苦役，且非常想要摆脱工作的桎梏。

在微软公司，每一位员工都视工作为生命。无论上司指派他们做何种工作，微软公司的工作人员都能释放出潜在的巨大能量，全力以赴去完成。相较于他们，一般公司当中的员工，只是“尽力而为”，他们没有激情，不能将枯燥乏味的工作变得生动有趣，更会错失珍贵的成长和发展机会。

无论从事什么职业，如果一个人能在工作中怀着一种敬业的精神，投入100%的精力，全力以赴追求卓越，就一定会取得事业上的成功。

一天，猎人带着他的猎犬在森林中狩猎，突然前方灌木丛中蹿出一只兔子，猎人敏捷地端枪射击，兔子被打伤了，惊恐未定拔腿就跑。训练有素的猎犬如离弦之箭一般追向逃跑的兔子，它的身手是那样的敏捷与自信。

可是过了好半天，猎犬耷拉着脑袋气喘吁吁地回来了。猎人很生气地责骂猎犬：

“没用的东西，连一只受伤的兔子都抓不到！”

猎犬觉得自己吃力不讨好，很委屈地嘀咕着：

“我的确是没有抓到兔子，可是我已经尽力了啊！”

受伤的兔子筋疲力尽地回到窝中，仿佛快要走到生命尽头了一样。大家伙儿无不为它能死里逃生而庆幸，可是又疑惑不解：

“猎犬奔跑速度那么快，你是怎么逃脱的？真是太不可思议了！”

惊魂未定的兔子气喘吁吁地回答：

“我跑不掉小命可就没了，而猎犬呢，它抓不到我顶多只是挨猎人的一顿臭骂，所以我必须全力以赴啊！”

危急时刻，猎犬和兔子不同的态度决定了它们不同的命运，这不能不让我们深思。回到现实生活中来，职场中的你，是猎狗还是兔子呢？我们可以从猎犬和兔子的故事中领悟到，在职场做事要像兔子一样全力以赴，切不能像猎犬一样只是尽力而为。

当然，在我们工作的时候，很多员工都要面对这样的事实：无数的工作障碍和壁垒，像一座又一座不可逾越的山峰一样，阻碍着工作的完成。遇到这样的情况，唯有全力以赴才能突破阻碍，从而高效率地完成工作。站在老板的角度来思考，对于员工来说，全力以赴意味着什么？遭遇工作困境，首先想到的不应该是逃避、找借口，而是寻找解决的办法，反思自己是否已经全力以赴？是否投入了100%的精力？是否竭尽一切去努力？在工作当中，只有全力以赴，才能体现你强大的落实力，才能取得骄人的成绩。

全力以赴表达的是一种积极主动的精神状态，是千方百计、想方设法去解决工作困境的态度，更是用实际行动把工作做到极致。

但是，如果站在老板的角度，应该辩证地看待员工在工作中的尽力而为和全力以赴。判断一名员工做事是否全力以赴，是一件主观性很大的事情，甚至根本没有一个统一的标准来衡量。

【管理箴言】

松下幸之助认为，一个员工是否喜欢他的职业，这是很容易就能看出来的。全力以赴完成工作，会表现出员工的自发性、创造性、专注和谨慎。身处职场，员工应该尽力保持全力以赴的工作作风，在心态和行动上下功夫，把自己该做的工作做好！

9. 提高时间的含金量

漫步职场，你有没有发现，一旦给员工布置越是重要的事情，他们越是迟迟不去动手。举一个简单的例子，就好像打翻一盒拼图导致其散落一地，看着一地的拼图碎片，不知道应该从哪一块先捡起，更不用说从哪一块开始拼了。于是逐渐地产生了一种抵抗的心理。

虽然员工们知道这件事情是非常重要的、紧急的，而且打心底里想要做好它，可是他们仍然无法开始做事，因为他们害怕迈出第一步，害怕如果没有走好第一步进而影响之后的走向。结果就是一拖再拖，第一天想等想法成熟一点之后再去做，第二天想等时机恰当的时候再去做，第三天想等着自己准备好了再去做……于是，就这样一天一天地拖。因为一拖再拖，想要做好这件事情的心境越来越小，甚至开始怀疑自己是不是得了拖延症。

拖延症是时间管理的大敌，如果不能摆脱拖延症的侵袭，是不能提高时间含金量的。那么，有哪些有效的方法可以摆脱拖延症呢？

（1）设定目标。提高时间的含金量，无非是对自己的时间进行有效管理。管理时间即是管理自己的行为，想要让自己的行为有效力，则必须以设定行为的目标为前提。当成功设定目标之后，要对其进行不断的分类与分解，把目标不断细化。

(2) 要事第一。现代社会，由于生产力的提高，人们可以享受更多的物质文明。当然，其中也有得有失，享受越多付出也要越多。比如，你享受了丰富的下班生活——吃喝玩乐，必然也要做更多的事务，很多项目型、事务型、社交型的事扑面而来，很难有闲的时候。

但是，工作上的事情永远是做不完的，这个时候你需要把握要事第一的原则，把重要的事情处理完，再去处理其他事情。

(3) 专注精力。由于每名员工要处理的事情太多，很多员工习惯或者被迫同时处理几件事务，这是一个很可怕的时间黑洞。这个时候问题就来了，需要提高时间含金量的人基本上都是脑力工作者，你在处理一件需要脑力思考的事务时，如果停下来去处理另一件事，再返回来的时候，你需要重新找到你刚才思考的思路。

无疑，这对重度脑力工作者来说可以说是一个挑战，员工可能要花上十几分钟甚至半小时才能找回之前的思路。因此，专注精力、避免打扰、一次只做一件事，这是提高时间含金量的第三个原则。

(4) 适当授权。现代社会讲究团队分工，是一个高度分工的社会，专业的人做专业的事。无论一个人有多么精湛的工作技艺，他也不可能把所有事都挑在自己的肩膀上，必须交给你的下属、同级甚至是上司去做。唯有学会适当授权，将你的时间或者金钱与别人的时间进行交换，才能实现双赢！

(5) 学会说“不”！在工作的时候，要适当地学会拒绝，拒绝那些不是你的本职工作和不是你专长的事务。职场上有很多人充当“老好人”，从来不会拒绝别人的要求，这样就承担了很多本不该自己做的事，占用了自己的时间。这个时候，要学会适当的拒绝，让自己的时间得到解放，从而提高时间的含金量。

【管理箴言】

拖延症是时间管理的头号大敌，如果员工患有拖延症，势必会影响其在工作中的表现。想要提高时间的含金量，可以从制定事务清单、简化工作程序和合理安排工作时间等方面入手，提高自己的执行力，摆脱拖延症，赋予时间更多的价值！

公司靠制度打天下

企业靠落实定江山

第六章

只要结果：没有结果的落实都是对制度最大的讽刺

很多企业拥有完美的战略、优秀的人才、完善的规章制度……可是，就是在这样无可挑剔的情况下，企业仍然轰然倒地，让人唏嘘，这是为什么呢？究其根本，这是制度落实不到位的结果。按照“结果理论”倒推，落实制度要看结果，唯有将制度落实到位、缔造正向的结果，才标志着制度的正确作用和意义。否则，制度再好，如果人们只是将其高高供奉，试问形而上的制度有什么用呢？

1. 坚决的落实来自“结果心态”

什么样的员工受老板的青睐？是用结果来说话的员工。

什么样的团队具有未来？是用结果来说话的团队。

什么样的企业能够屹立于行业之林？是用结果来说话的企业。

……

很多老板喜欢将“我不要过程，只要结果”挂在嘴边，这句话听起来干脆利索，却只强调了一件事，那就是“结果心态”。

工作中，老板最关心的事不是某件事务出现了什么问题、应该采取怎样的措施去解决，而是这个问题有没有解决，有没有一个确定的结果。在这个过程当中，员工所有的付出和努力，在老板眼中被淡化。老板需要的就是一个结果，员工说出结果远比告诉老板这项任务很艰难更具说服力。

四年一届的奥林匹克运动会，运动员在四年之间付出多大的努力，被铭刻的唯有结果。

你参加公司的运动会，没有人会留意你流了多少汗，只看重你的名次。

工作中也是如此，相对于你每天奔波于各个客户之间、加班到凌晨两点做一个方案来说，老板更注重你为公司带来多少效益、为公司创造多少价值。

……

是的，在现在的这个社会，“结果心态”影响着越来越多的人只看重结果，不看重过程。但是，这并不是说只要完成老板交代的任务，就等同于创造业绩、得到结果。事实上，并非如此。任务是结果诞生的前提条件，你需要明白的一点是：完成任务并不等于结果。

在工作当中，老板看的是业绩、要的是结果，这说明结果远比工作过程更重要。因此，作为一个老板，需要让自己的员工认清他的工作使命，为了公司的发展做需要的事，将问题留给自己，将成绩留给老板。

这句话说起来简单，但是在实际工作当中，能够清晰地意识到这一点的员工可谓少之又少。更多的员工的确具有优秀的品质，在他们的心中也充斥着激情和梦想，可是他们做出的结果常常不尽如人意，更得不到老板的青睐和赏识。原因何在呢？

实际上，“结果心态”正是结果导向，老板追求结果导向并没有错，问题是站在员工的角度上，他是否能去完成、怎样完成老板所需要的结果。在工作中他们只关注“我做了什么”，而并不关注“我做到了什么”。他们只知道埋头统计自己的工作量，却不知道老板和公司真正需要的结果是什么。因此，他们得不到让老板满意的业绩。

在工作中，员工会面临老板提出的诸多要求，其中最基本的要求就是达到老板需要的结果。这就需要员工坚决地落实老板安排做的每一项工作，事实上老板需要你提供的正是这项工作的结果。

【管理箴言】

如果员工认为在工作当中只要对任务负责，而不对结果负责，这是对自己工作价值认识和“结果心态”的一个误区。很多员工在被赋予一项工作的时候，只看到这份工作的许可权和职责要求，而忽略这个事务背后所承载的意义和作用，即工作使命。

无论员工曾经做过哪些努力，理想的结果才是老板最渴望的。因此，应时刻记住，在没有满意的结果到来之前，任何话语都没有说服力，结果才是你的价值所在。事实上，坚决地落实、执行任务，才会达到老板心目中的要求，完成他的“结果心态”。

2. 用结果证明自己：一流员工的不二法则

评定一名员工是否称职，有一个最简单的方法，那就是先给他一个平台、一项工作和一份责任，看他能否拿出最佳的工作效果来证明自己。

用结果证明自己是一流员工很重要。现代社会，结果能够证明一切。那么，怎样的行动才能收获最好的结果呢？

（1）明确工作目标。工作的目标就是方向，就像大海中的每艘船都有一个目的地一样，对于船的整段旅程来讲，到达目的地就是成功，就是最好的结果。让我们将视角转向我们的工作，如果已经明确每天的目标、每周的目标、每月的目标、每年的目标，那么我们的工作还会盲目吗？

（2）制订工作计划。没有工作计划是失败的全部原因，就像无论是从经营方面还是业务方面来说，公司的战略目标总会有恢宏的蓝图，一旦没有相应的计划，就没有实现它的步骤和预先的应急方案，缺乏工作计划和实现目标，还怎么取得事业上的成功呢？这岂不等于天方夜谭吗？

（3）要事优先原则。想要用结果证明自己，就必须遵循“做最重要的事情”这个高效员工的法则。在很多情况下，80/20 规则都适用。80%的工作业绩是靠完成那20%最重要的工作来实现的，无论是制订工作计划还是制订具体的实施步骤，都需要最翔实的计划和步骤来实现目标，一旦仅仅把精力放在小事、琐事和那些无关紧要的事情上，成功只会越来越渺茫。

(4) 确认并检查结果。完成了一项工作并不是结果，进一步确认和检查工作才会缔造更好的结果。若认为这是老板的事情，就大错特错了。优秀的员工需要站在老板、部门和公司的角度，对工作进行最后的确认和检查，从而创造更完美的结果。

无论什么时候，结果就是评判事情的唯一标准，没有结果等于员工的这项工作没有完成。对于每一个员工来说，明确工作目标、制订工作计划、要事优先原则和确认并检查结果是通向完美结果的四个步骤，想要用结果证明自己，就必须学会用行动和结果说话，唯有如此员工才会成为最优秀的员工。

如果一朵花凋谢后是一个果实，自然会很欣喜。花落的结果如此，工作也是一样，没有结果的工作不但不是老板所乐见的，即使站在员工的角度上，长此以往也会感到落寞，因为员工找不到一个新的起点，没有实现职业生涯的提升。

唯有一步一个脚印，在已有成绩的基础上不断前进才会有提高。用结果说话，来证明自己的同时，更会得到老板对你的器重。

想要让员工证明自己，首先就得敢于交给他们更重的责任，而且要大胆地放权。与此同时，如果员工用非常优秀的结果证明了自己，作为老板的你还要提拔重用员工。

在工作中，员工应有意识地提醒自己，为了创造更好的结果，如何才能有效加快工作进程、如何才能尽快达到工作目标、哪些是取得结果所必需的环节……只有有所甄别地选择、取舍，才能取得完满的工作结果，证明自己。

【管理箴言】

企业和老板要的永远都是结果，而不是过程。无论员工多么辛苦忙碌，如果缺乏效率，没有做出任何业绩，那么一切辛苦皆是白费，一切付出均没有价值。

企业对员工价值认可的程度，完全取决于员工为企业创造业绩的多少。因此，唯有持之以恒地付出、不打折扣地努力，才能得到理想的回报，才能真正做到用结果证明自己。

3. 用结果获利是公司的经营目的

对于一个公司来说，正常运行很重要，但是获利更重要，因为正常运行的目的就是获利，唯有获利才能证明公司的经营目的。换言之，运营一个公司的目的就是获利。为了实现这个目的，公司制定运营战略、规章制度、季度目标，而这些都属于管理的范畴。

公司经营的最终目的就是赢得利润，因为利润是企业生存的关键。在严峻的形势下利润空间日趋狭窄，比的就是成本，谁能低成本占领市场，谁就是赢家。而市场的资源短缺也是事实，企业绝对经不起浪费了。在微利时代要生存，就必须学会控制成本。有效地降低运营成本已经成为多数企业竞相追逐的目标。

我们知道，公司是以营利为目的的社会团体，追求的结果是经营利润最大化，即获利。公司所开展的各项活动，都是为了企业价值最大化。德鲁克先生有一句名言："管理是一种实践，其本质不在于'知'而在于'行'，其验证不在于过程，而在于结果。"换言之，成功的管理就必须用结果来说话，管理的全部意义也在于此。公司经营的目的完全体现在对结果的把握上，作为一个经营实体，公司必须靠利润发展、用结果说明。

公司经营的目标只有一个，那就是提高经济效益，创造利润最大化。随着市场全球化进程的加剧，公司在市场中面临的竞争越来越激烈。那么，公司如何才能实现获利呢？想要用结果获利证明公司的经营目的，必须从精细化管理下手。精细化管理不但可以管理好公司，还能为公司创造利润。因此，公司的管理由粗放走向精细，是一个必然的过程。

越是那些规模大的公司越能进行好的管理，唯有把管理做好，才能适时把控对结果的掌握。有两个有效途径可以缔造公司经营的最终目的——获利，那就是提升利润和降低成本。这就需要公司提高绩效能力，相对于利润，绩效的概念更为宽广。公司可以通过提高生产率、降低消耗和提高办公效率等有效途径，增加公司的利润。

毋庸置疑，提高绩效既可以提升公司在行业中的竞争力、增加公司的利润，在此基础上，还可以更好地进行资源配置，更有助于实现社会效益，最终达成用结果获利的经营目的。

【管理箴言】

结果主义，又称“结果论”，是伦理学中的一种学说，指一个行为的对错要视该行为就总体而言是否达到最高内在价值来决定。陈安之说：“世界级的竞争，一律以结果为导向，市场以结果论英雄。”同理，经营公司的目的就是获利，在这个过程中可以使用结果主义来进行把握。

4. 用结果证明自己是员工的天职

每一个员工都想在企业当中证明自己的能力，唯有如此才能让自己在企业中长久立足并得到更为广阔的发展。那么，员工应该怎样证明自己的能力呢？在现代企业的管理中，结果的价值导向非常明显，那么对于员工来说，也就只能以结果来证明自己的能力和价值。

员工想要证明自己的能力，必须用结果说话。而在企业当中，无论是过程还是结果都非常重要，没有过程何来结果？如果我们一直忽视过程的重要性，那么我们追求结果的意义就荡然无存了。因此，在企业的经营过程中关注过程应该比关注结果要多一些。

毋庸置疑，成王败寇是每一个企业的典型特点，对于员工来说，就是以出众业绩、漂亮的工作结果来论英雄。因此，企业就是一个用结果说话的地方，不单单是管理者，即便是那些员工都必须对自己的结果负责。

在管理的过程中，管理者时常看到很多员工兢兢业业、勤勤恳恳，从坐到工位上便“两耳不闻窗外事，一心只做分内工”，可是即便他们忙到天黑，依然得不到老板的赏识。没有结果，即使员工的方案再完美、辞藻再华丽、行动再敬业……最后得到的永远也只是管理者的怜悯和同情。

为什么这些员工工作那么勤勉，却没有一个完美的结果导向呢？这就要从过程和结果谈起。过程和结果是相辅相成的一对矛盾综合体，过程是缔造结果的保障，结果是过程的导向。很多员工之所以失败并不是源于其不重视结果，而恰恰是过分地关注结果，更为贴切地说，是只关注结果导致的。

在实际管理的行为中，很多上司都只是强调结果，这就造成员工们也就只关注结果。可是，他们不知道一条更基本的逻辑——没有过程何来结果？结果出现错误，一定是过程中出现了偏差。所谓“差之毫厘，谬以千里”，很多时候工作方法不对，一切努力的结果都会付诸东流。

结果导向的理论并没有错，因为用结果证明自己乃是员工的天职。可是，结果导向的理论落实是有前提的，即“过程优先”，结果导向必须关注完成结果的过程，用结果证明自己就必须先对自己工作的整个流程负责，唯有对自己工作程序负责的员工才能真正做到对工作的结果负责，唯有对结果负责的员工才能对自己负责，这是一种自我管理的智慧精髓。

企业靠结果生存，没有结果企业将无法生存；管理者用结果说话，没有结果企业将无法向前；员工用结果证明自己，没有结果企业将无法运作。作为企业第一线的员工，一旦丧失对结果的负责权，那么所有的一切都将是空谈。那么，什么是企业的结果呢？

或许我们能从联想总裁柳传志说的一句话中获得启示：“每一个正确的过程就是结果，每一个结果都是在过程当中！”当我们都在全力以赴关注企业结果的时候，是否重视过过程呢？

因此，想要通过结果来证明自我价值，就要求员工在工作的过程中勤勉、努力，主动积极地去工作，想上司之所想、做企业之所需，永远冲锋陷阵在前。在这个凭结果丈量天下的时代，结果决定一切、结果第一，用结果来证明你自己吧！

【管理箴言】

结果，是一个企业的生命源泉、成长基石，没有结果，公司就不能发展。同理，没有结果员工就不能生存。结果，是每个人想要达成的目标，你不缜密思考、精心准备和积极行动，它永远不会从天而降，更不会唾手可得。企业是员工努力证明自己能力的战场，员工如果没有贡献结果，迟早会成为被企业弃用的棋子。

5. 要说结果，更要做出结果

很多人从上班开始就日复一日地努力工作，却始终没有得到老板的夸奖。如果你也遇到相同的事情，深陷沮丧行列，也大可不必。想要解决这个问题，就要去做一个“有声音的人”。

当你完成某件棘手任务的时候，最先做的事情就是向你的上司汇报。目的就是让他知道，你有出众的能力。

(1) 与其“酒香不怕巷子深”，不如开门见山，先向上司表结果。在向你的上司汇报工作的时候，不要将整个表述围绕在描述你所做的事务上面，而是应该直接向你的上司表述你工作的结果。这完全是因为你的上司有很多事情要去处理，时间非常宝贵。而且，相对于你完成事务的过程，上司更看重结果。

(2) 如果上司时间充裕，可将过程全盘托出。在上司时间允许的情况下，你可以做一下工作过程的详细说明。但是，内容应尽可能的精练，而且你应该先感谢那些对你有所帮助的同事，然后再提及自己的努力。这会给你的上司留下一个好的印象，他会认为你是一个顾全大局的员工，进而进一步关注你。

(3) 在简报上署名。如果可以做一份书面报告，一定要文字简练，而且在结尾处署上你的名字。这会让你的上司留下印象，不会让你的付出成为“无用功”。

在结果导向的前提下，以上三点是员工说结果的时候需要遵从的三个步骤。而事实上，说得好，不如做得好。任何事业的成功，并不在于员工将结果说得好，而在于怎样抓好落实这一关，将事情做得好。想要实现“要说结果，更要做出结果”，就需要遵循这样一条原则——你所做出的结果，一定要比老板的预期高出20%。

想要在职场上更上一层楼，只是“完成工作”显然是不够的，必须秉承“敬业精神+脚踏实地”的做事原则，才能将事情做得更好。显然，一个缺乏敬业精神的员工，时常跟“成事不足，败事有余”搭配在一起。但是，如果一名员工以积极的心态脚踏实地去完成工作，那么他一定会在自己的岗位上做出成绩。很多公司都秉承“结果导向”主义，作为一名员工，想达成某个目标的时候，需要完成的目标就是这个结果，而不是为了完成任务。那些常常把“结果并不重要，重要的是过程”挂在嘴边的人，都是习惯给自己找借口的失败者。我们的工作都应该以结果为导向，只有得到了我们想要实现的结果，才是真正意义上地完成了任务、达成了目标。

完成一项工作，除了能说出结果，还要做得漂亮！那么，请认认真真、脚踏实地地开始你的工作吧！在通往成功的路上，用结果导向你的过程，请一步一个脚印走好脚下的每一步！

【管理箴言】

结果是每个身处职场的人所需要完成的目标，每一项工作的完成都需要用行动来实现，所以行动决定着结果。坚持“以结果为导向”的思维模式，会让我们在职场中变得更加“强大”，当我们想要某个结果的时候，就一定会成功。这个时候，与其会说结果，不如会做出结果，让我们的前途变得更加光明！

6. 承诺了就要努力去实现

言必信，行必果。——《论语·子路》

一言既出，驷马难追。——《邓析子·转辞》

自古皆有死，民无信不立。——《论语·颜渊》

……

这些古语都在强调两个字——诚信，每一句话都在强调做人的信用。一个不讲信用的人，俨然是被人不齿的。在现代社会，无论是生活中还是工作中，有诚信的人更容易获得大家的支持和信任，诚信是一个人安身立命的基础。相反，一个没有诚信的人，别说其他人的信任了，就连最起码的尊重都不会得到。试想一下，谁愿意靠近一个满口谎言的人。生活如此，工作亦然。

一个经常承诺却总不会兑现的人，谁会在日后的工作中把他的话当真、把自己的事交给他办呢？

一个被指派完成某项工作的人，不努力完成，还会得到哪个上司的器重呢？

一个缺乏诚信和信用的业务人员，还有哪个客户愿意与他合作呢？

……

总之，在职场中缺少诚信的人，很有可能会在职场中被抛弃。在公司，我们也会时常遇到这样的情况：

上班打卡，考勤打了人却没到。

第一个考勤的人，却创造了最低的绩效。

有海外学历背景的员工，竟然学历造假。

上司答应给员工加薪或是升职的承诺，却始终没有兑现。

员工承诺将某项工作完成，却总是失职。

……

以上都是缺乏诚信的行为，不但会让自己的声誉受损，更容易招致同事和老板的不满，最终背上“破坏公司规章制度”的罪名。

恪守诚信如同去银行存钱一样，银行储存的是你的钱，而在单位储存的是老板和同事对你的信任和认同。因此，身处职场的你应该对同事和老板说到做到，实现自己的价值。

一个商铺做出了打折的承诺，可是在最后却不给客户打折，试想谁还会到那个商铺去消费呢？同理，一个不会兑现承诺的人，怎么可能受到他人的信赖和欢迎呢？这不是八面玲珑的交际手腕，而是做人最基本的道理。

面对上司交给你的工作，如果你没有把握就不要接受，向上司说明原因，跟上司一起找到最优的解决办法。如果你没有拒绝，一旦你没有完成，势必会影响你在上司心中的形象。因此，混迹职场，无论是面对上司还是同级的同人，只要承诺了就要想方设法去实现，这是一名员工最基本的职责。

【管理箴言】

无论是刚刚迈入职场的新人，还是已经混迹职场江湖若干年的老油条，你可以不打造八面玲珑的个人标签，也可以放弃业务骨干的荣誉，但是你永远不能丢掉诚信这张标签。

无论是上司交代你的工作，还是同事拜托你帮忙，只要承诺了就一定要努力去完成。让每一个人提起你的名字，都能深感你是一个值得信赖的人，这就是诚信的力量。

诚信的力量非常巨大，除了帮助你在职场上立足，更能让你取得社会上的成就。诚信帮你建立个人信用、完成工作目标、实现人生价值，更帮助你扩大自己的社交范围，最大限度构建自己的人际关系网，还会帮助你打造个人品牌……诚信的种种力量，使你在日益激烈的职场竞争中把握更多机遇，立于不败之地！

7. 员工执行力差是老板的错

执行力强，保障企业做强做大。执行力差，则企业很难得到发展。一谈到员工的执行力差，就会涉及员工的态度和素质。员工的态度和素质是影响执行力的重要因素，可是，员工执行力差的原因并不在员工的身上，80%是由于老板造成的。须知，老板力是执行力强弱的根源所在。

(1) 老板没有布置工作，员工不知道干什么。有的老板没有明确落实公司战略规划、营销策略，更有甚者都没有年度营销大纲，这让员工怎么工作呢？

(2) 老板没有安排培训，员工不知从何干起。在培训这方面，外企做得比较成熟，员工入职后一般都要经过严格的培训，而国内企业则不然，没有培训直接上岗的比比皆是，即便是培训也没有针对性和实操性，有的公司即便有培训，但是只是给底层员工做一些行业趋势、宏观战略的培训，并没有教授其工作方法。

要知道，如果中高层领导业务能力差，自己不知道从何做起，那么就没有办法和底下的员工说清楚，总监说不清，经理也说不清，部门经理更说不清……最后的结果就是，真正执行的最底层员工也不知道从何干起，执行力当然很差。

（3）老板没有补给弹药，员工干起来没有“后劲”。如果士兵们在前线打仗，后勤补给一直供应不上，士兵的心态和斗志显然会因此受到很大的影响。公司执行也是同样的道理，销售人员在前线“打仗”，如果承诺给客户的折扣方案一直得不到公司的批准，那么势必会失去一个客户。长此以往，工作热情被消耗殆尽，慢慢地就不再主动谈客户了，何谈执行力？

（4）老板没有激励措施，员工不知道干好了有什么好处。在古代作战的时候，如果久攻不下一座城池，攻城的将军一般会下一道命令：城破后的三天之内，士兵们可以随意烧杀抢掠。这道命令下达之后，本来低迷的士气大振，一天之内就能将城拿下。这就是激励措施，国内企业也都有对员工的激励措施，尤其在销售行业更是必不可少。

可是，老板在制定激励政策的时候却往往容易走进一个误区，就是把政策制定得太过复杂，让员工们很难计算出来：在下一个销售周期，自己需要花多少精力、达到一个什么样的结果，进而能拿到多少奖金。

如果激励政策不给力，那么这样的激励措施就等于虚设。这就需要老板阶层站在员工的角度，让员工看到当下的好处、向往未来的成功！

（5）老板没有恐吓机制，员工不知道干不好会有什么坏处。所谓的激励措施需要和恐吓机制相辅相成，否则只有“城破后的三天之内，士兵们可以随意烧杀抢掠”的命令而没有“逃兵斩立决”的规定，肯定会有很大一部分士兵找机会逃跑，从而动摇军心。

换言之，所有的激励措施之后都要加一个恐吓机制，让员工深信：一旦自己没有完成任务，会得到什么样的结果。

现在我们知道，员工执行力差就是老板的错，想要强化执行力，首先必须要强化老板力。想要强化老板力，需要从以下四个方面入手：

（1）采取果因思维方式。企业的现状固然重要，但是企业想要把自己打造成一个什么样的企业则更为重要。如果老板能够从结果倒推，就会知道应该怎样提升自己的老板力，进而提升员工的执行力。

(2) 目标意识，即目标决定方法。《史记》中有这样一句话：“居之一岁，种之以谷；十岁，树之以木；百岁，来之以德。”大概的意思是：如果你要在一个地方居住一年，那就依靠种植谷物来获取财富；如果你要在一个地方居住十年，那就应该依靠种树来获取财富；如果你要在一个地方居住一辈子，那就应该好好做人来获取长久的财富。

以古鉴今，就是在告诫现代人：你的目标不同，选择达成目标的方法也就不同。具体到员工的执行力，就是要关注企业的目标，与之所匹配的方法也要适当。

(3) 行成于思，行动是否到位，取决于行动前的计划。在进行企业战略性、方向性决策之前，老板需要保持慎重的态度，经过缜密调研、思考之后再做决策。没有行动前的计划，就不能保证结果的有效达成。

(4) 在行动中优化速度意识。行动之前的计划很重要，但是行动中期的优化意识同样重要。在企业战术方面，如果已经确立战略、盈利模式、流程和组织等方面，而在员工具体执行方面缺乏大胆尝试，往往会贻误战机。正确的做法是果断行动，在行动中优化。

【管理箴言】

如果员工执行力差，多数是因为老板破坏了程序和制度。执行力差是表象，而深层次的原因是老板管理不善。因此，与其提高员工的执行力，不如提高老板的老板力。个别员工的执行力差也许是能力的问题，但是公司整体执行力差就是老板管理的问题了。

8. 一分钟也不拖延，立即行动

本杰明·富兰克林曾经说过：“千万不要把今天能做的事留到明天。”

人们做事的时候总习惯往后拖延一下，谁都愿意在做事情之前让自己先享受一下最后的安逸。这就是拖延症形成的原因，拖延症可直接导致行动的失败。想要落实制度、拥有行动力，必须接到任务马上行动，决不能拖延一分钟。想要一分钟也不拖延，必须立即行动，首先要做的就是消灭拖延的借口。

拖延打乱你所有的计划，所有人都知道制订计划的好处和拖延的习惯会给自己带来什么不利影响。但是，只要开始行动，大部分人都会不自觉地为自己找各种借口让自己拖延。以下这些借口，唯有将它们逐一击破，才能成功摆脱拖延的侵袭。

(1) 还没准备好。很多人拖延的第一个理由就是“我还没准备好”，就好像发射火箭一样，在发射之前必须保证所有的设备、程序等条件必须全部到位，否则火箭不能成功发射。这个理由听起来很充分，要知道行动只在发射的那一瞬间。

但是，在大多数的行动当中，如果要等到全部条件都具备齐全以后才开始行动，那很可能会丧失处理事务的最佳时机，甚至是错过很多机遇。

举个简单的例子，某工厂打算生产一批紧缺的商品，可是各种材料数量有限，需要从外地运输过来。作为总经理的你，会不会等到材料全部凑足之后再开始生产？事实上当然不会，正确的做法是利用现有材料进行生产，一边生产一边等待运输材料的抵达。如果全厂的人等到材料全部凑足才开始动工，可能现在紧缺的商品等你生产好之后已经成为滞销商品了。

显然，以“还没有准备好”作为借口不行动，只会更加延误计划、错失机遇，在这种情况下，利用已有的条件先行动起来，才是上上策。那些以“还没有准备好”为借口拖延的人，并非真的还没有准备好，要么是自己做事死板呆滞，要么就是给自己的懒惰找借口。无论出于何种原因，其结果都是会延误时机。

(2) 现在已经来不及了。有些员工经常说：“我不是不想行动，只是现在行动已经晚了，那行动还有什么意义呢？”事实上，你还没有行动呢，怎么知道晚了呢？这是一种典型的消极想法，只会让人放弃最后的补救机会。

只要行动起来，在任何时候都不晚。也许在行动之前的确错失了一些好的机会、条件，或是因为自己的错误行为产生了一些不好的后果。可是，当一切过去，等待我们的只有一条路：那就是行动！

行动是为了弥补损失和过错，让事态恢复到正常的水平或者为行动提供条件。怎么可能来不及呢？在这个世界上，没有不可能的事情，更没有来不及的行动，只要你从现在开始做，并且坚持下去，你会看到奇迹！

(3) 我讨厌做这件事。回复邮件、回答客户的疑问……身处职场的人一般都讨厌类似的情况。可是，你不会看着邮箱里的未读邮件无动于衷吧？你也不会不回答客户的问题，毕竟这是一次成单的机会！但是，尽管是你讨厌的事情，可最终还是得去做，更多的时候你不得不做。

看到讨厌而又必须完成的工作事务，在你讨厌它之前，就立即行动把它做完。如若不然，你越是拖延，厌恶感则越强，做起来就越是烦躁。因此，你不如趁厌恶感还未滋生之前或比较弱的时候赶快行动，完成你必须完成的事情。

【管理箴言】

在这个世界上，没有人没有拖延症吧！在做事情之前，很多人都会找借口："一会儿再开始""以后还有机会""时间还充裕"……如果你没有制订计划还有情可原，假如你已经制订好了计划，那么你就没有后路了，唯一的选择就是马上行动。

立即行动，使你保持高昂的热情和斗志、提高你的工作效率，拖延只会消耗你的热情和斗志。成功者必是立即行动者，他们不会拖延一分钟。要知道，在他们的字典里，时间就是生命、效率和金钱，拖延一分钟，就浪费一分钟。唯有立即行动，才能挤出比别人更多的时间，比别人更早抓住机遇。

9. 成功者在于管理自己，而非别人

彼得·德鲁克先生有一条经典理论：“管理的有效性，在于管理自己而非他人。”

从本质上来说，管理者的工作是思考和脑力工作，员工是无法对此进行干预和管理的，只能仰赖管理者进行自我引导，通过自我管理，让知识转化为员工的行动。老板们往往习惯于管理员工，喜欢员工按照自己的意愿去工作，甚至喜欢挑剔员工身上的缺点，却很少去关注自己。管理他人容易，管理自我却知易行难。要想成为有效的管理者，唯有知难而上。

（1）掌握有限时间。研究发现，普通人难以集中 90 分钟的精力，而不够 90 分钟则意味着难以处理好一件复杂的事务。在职场中，管理者的职位越高，可自由支配的时间就越少，大约只有全部工作时间的 1/4。没有一个管理者，不是通过研究自己的工作，才能弄清楚自己有多少可自由支配的时间。因此，管理好自己的基础，就是弄清楚各种因素之间的内在联系，抓住工作重点，从根本上解决问题，才是管理自己的第一步。

（2）坚持要事优先。所谓“要事优先”，是时间管理的核心理论。它要

求管理者首先做最重要的事，对事情有更加精细化的分析，还要求管理者一次只能做一件事，一旦“胡子眉毛一把抓”，只会搅扰自己的方寸章法。不会进行自我管理的管理者很容易陷入恶性循环当中，沦为紧急事务的处理者。作为管理者，的确应该四处“救火”，结果却一事无成。

自我管理的第二步，就是决定事务的优先次序，以“重将来而不重过去”的原则，选择自己的方向而不盲从，追求自己的目标！

(3) 善于向上管理。在传统的观念里，“用人之长”是指发挥下属的长处来管理下属。但是在德鲁克的理念当中，有效的管理者还应该懂得如何发挥自己和上司的长处，这样一来才能协调各方关系，让工作变得更有效。

唯命是从，是不能使上司发挥其所长的，须从正确的事情着手，并且采用上司能够接受的方式向其提出建议。

(4) 永远洞察未来。马云曾经说过：“很多人输了，就输在对新生事物看不见、看不起、看不懂上面，导致最后来不及。”管理者做决策也是如此，他们并不缺乏经验，而是缺乏洞察未来的能力。

涉及未来意义的决策，需要管理者有先见之明，需要其有独到且富有远见的洞察。这种洞察的能力从哪里来？源自平时工作中的经验总结和实践中的训练。

【管理箴言】

在组织中，管理者的存在意味着“开发机会，让问题消失”。有效的管理者，往往善于管理自己。尽管每个人身上都有一些缺陷和陋习，如果一味地挑剔下属或者是同事身上的缺点，那么将拉远自己和成功的距离。

唯有经常用挑剔的眼光审视自己才能持续完善自己，不断地修正自己，提高自己的修为，才会为自己带来正向的改变。只有认清自己，好好管理自己，才会拉近与成功之间的距离！

公司靠制度打天下

企业靠落实定江山

第七章

老板是制度的最好宣传员，决不让制度只挂在墙上

公司的运行和发展离不开制度的约束。但很多企业的规章制度越来越多，实际工作中能落实的制度却越来越少。针对这个现象，管理者应该从自身抓起，做好制度的宣传和落实工作，充分发挥制度的效力，让每一位员工都感受到制度的真实存在。

1. 落实制度的第一步是广泛宣传

制度是企业的秩序和规范，是保证企业健康正常运行的法则，如果制度不能落实到位，企业的秩序就会被破坏，企业的健康发展就会受到影响。而制度落实的第一步，就是要让员工都了解，尤其是对于新来的员工，企业管理者一定要做好制度的宣传工作，让员工有规矩可循。

管理者的行为很大程度上会影响员工的行为。因此，称职的管理者应该以身作则。然而很多人在通过努力从基层晋升到管理层后，身上滋生出很多官气。对很多工作不再亲力亲为，只知道围着办公桌转。比如，不少企业把规章制度制定出来，编订成册，再发给员工，然后就束之高阁了。企业管理者把员工的工作成果看得最重要，而在员工违反公司制度时，才发现员工真正能把规章制度说出几条的寥寥无几。管理者每次开会都陈词滥调地重复制度、规章，但是员工往往敷衍了事、不以为意。面对这样的局面，管理者应该深刻地扪心自问。企业制度制定出来，仅仅交给员工就结束了吗？员工对于企业的制度理解多少，真正落实到位了吗？如果答案令你也感到怀疑，那么就应该从头开始，在制度落实的第一步上下功夫。

因此，制度落实的第一步就是宣传，培养员工们的“制度”意识。如果员工缺乏“制度”意识，把企业制度当成摆设，不严格遵守，企业制度就形同虚设，公司秩序也会被破坏。

某家著名的制药厂，在内部有一项规定，严禁在工作场合吸烟。这条规定看似简单，但是执行起来并不简单。员工张磊是一个有学历、有技术的年轻人，刚来不久，就很受老板器重，很快就晋升为副主任。但他有个毛病，喜欢吸烟。一次偶然的机会，他烟瘾上来，急于吸烟，发现办公室楼梯拐角有一个隐秘的地方，于是就把这里当成吸烟的好地方。不料部门经理经过，被撞了个正着。当时部门经理没有说什么。但是人力资源部门在第二天发出了两个公告：免除张磊的副主任职务并处以罚款。

公告发出后，很多员工认为老板的惩罚太过严重，管理方式过于强硬，但是从此以后，却没有人再在工作场合吸烟了。

这个企业的惩罚力度过大，虽然取得了理想的效果，但是难免会引发员工的不满情绪。如果企业管理者平时注重宣传企业规章制度，培养起员工的规章意识，也许就不会有强硬惩罚后员工的不满情绪了。

当然，员工对制度的不重视，也间接说明了他们的工作态度，管理者要善于观察细节，从日常小事里往往能发现员工的内心和修养。在平时的培训中注意灌输制度，加强员工的纪律意识，制度才能更好地落实到位。

在推行制度的过程中，要考虑到员工的接受程度，给予员工了解和学习的机会，让他们充分理解制度的实施对企业和个人的意义。比如，在新员工培训的时候，适当加强宣传公司制度的力度。可以通过恰当的、顺畅的信息渠道向员工提出问题，了解员工是否能够消化、理解。在对制度进行宣传的时候，企业管理者要特别注意信息渠道的选择性，避免过多的无关信息分散注意力，让员工产生疲劳。

【管理箴言】

只有培养好员工的规章意识，才能让制度深入落实，这就少不了管理者的宣传工作。建立定期的制度知识考核，强化员工对制度内容的记忆，从员工的需求入手，使员工对规章制度的遵守深入到头脑之中，进而在工作中表现出高效的状态。

2. 树立典型，发挥榜样的引导力量

树立先进典型，充分发挥典型的示范辐射作用，是企业文化建设的一项重要内容，同时也是一种有效的工作方法。典型选树让员工在选典型、树典型活动中潜移默化地接受和认同企业文化，培养员工的团队精神，增强凝聚力和向心力。

企业先进典型是企业文化建设不可或缺的角色。他们生活、工作于普通员工中间，分散在各个岗位，与普通员工朝夕相处，其优秀的品格和模范的言行对员工起着示范、导向作用，吸引广大员工去学习和仿效，从而产生润物无声、潜移默化的效果。

红军在长征时，就采用了树立典型的方法，结果大大地提高了红军的士气，鼓舞了红军的斗志，产生了无穷的作用。首先，党员干部发挥了他们的带头作用：在长征中，红军中的党员干部，打仗冲在最前面，走路走得最多，艰难转战中背的行李和枪支最多，过草地时尝毒野菜最多。正是党员干部的带头作用，大大激励了红军士兵们奋勇向前。其次，红军在长征途中，对沿途的英雄也不遗余力地加以宣传和表彰。比如，在红军攻占遵义后，

《红星》报就专门对遵义战役做了具体的报道，发表了《模范的“勇”部红五连五个子弹夺取一个重要阵地》等通讯文章；在红军飞夺泸定桥后，《红星》报、《战士》报还相继报道了有关强夺泸定桥战役的行军和战斗实况，并记下了在安顺场胜利渡过大渡河的17名英雄的名字。

红军不忘在艰苦卓绝的长征中树立榜样，让自己的爱国之心深入人心，得到了人民的拥护和认可，最后取得了长征的胜利。而企业在营销过程中，也有必要树立企业的榜样，帮助员工建立信心，同时打造自己的良好形象。但是，需要注意的是，发挥先进典型的作用与培养先进典型要相辅相成，一个享有充分可信度的先进典型，需要注重平时的塑造和培养。要将典型的培养作为管理活动中的一项重要内容，防止出现“文件一印，奖金一发”就万事大吉的错误思想和做法。树立先进典型应注意与实际工作紧密结合，既要大张旗鼓地对先进事迹进行总结、提炼和升华，营造浓厚的学习先进典型的氛围，同时还要对选树为典型的员工个人严格要求，一如既往地做好本职工作，做一名名实相符的“标兵”，真正起到典型的模范带头作用。要建立对各类先进典型进行跟踪检查的制度，跟踪检查各类先进典型的真实性和先进性，如果出现沽名钓誉或弄虚作假等现象，则直接追究所在单位或部门领导的责任。

在企业管理活动中，选树先进典型是加强和推进思想政治工作的重要方法，同时是基层团队管理的重要手段，是企业管理者引导人、鼓舞人、激励人的有效方式。员工在工作上取得了一定的成就后，管理者一定要树立典型，把典型员工的先进事例整理出来，宣传他的事迹，进而让员工产生责任感，并鼓舞其他员工共同进步。

【管理箴言】

管理者在树立典型的过程中，还要通过宣传、表彰等舆论导向功能，推动广大员工向这些榜样学习。普通员工是很容易受影响的，学习一个具体的典型比接受一种抽象的原则要方便得多，因为它看得见、摸得着，即使你不去有意仿效，他的光环也会影响到你，使你不知不觉受到感染、同化。这样由一到十，由点到面，相互感染，竞相效仿，逐渐形成一种气候，最后自然是典型的普及化，典型身上所承载的普遍原则得以推广，树典型的管理者的最初意志也就得到了实现。

3. 不怕职务低，就怕觉悟低

一个优秀的员工，其优秀的程度并不是由职务的高低所决定的，但一个员工的觉悟低了，就注定他不会变得优秀。企业管理者应该清楚地意识到这一点，不以员工职位的高低来决定对员工的态度，这样才能更充分地发现人才，发挥人才的作用。

管理者要理解，员工的态度有时比能力更加重要。一个员工的能力再突出，却对工作倦怠，对企业毫无忠诚，这样的员工只能成为企业的“毒瘤”。因此，管理者在用人的时候，一定要注重员工的工作态度。

即使身处平凡的职位，也可能为企业创造巨大的效益。但前提是这样的员工受到老板的尊重，没有被轻视的感觉。老板的微笑，甚至一个鼓励的眼神，都有可能激励默默耕耘的员工，因此，身为管理者，千万不能忽视对员工态度上的细节。

英国某家机电公司需要购买播种机的电池，这种电池最便宜的也要 60 美元，采购部的员工在日本买到了 50 美元的电池。公司经理对这个员工给予了重奖。采购部员工大受鼓舞。几周后，采购部主任在瑞士买到了 38 美元的更为优质的电池，为公司极大地节约了成本。

可见，即使员工的岗位再低微，只要用心，就能做出令人刮目相看的事情，关键就在于管理者能否适时激励员工，给予员工追求成就的动机。作为管理者，很容易沉溺在企业战略决策的制定中，而忽视了如何善用公司的能人。实际上，公司的员工有很多，只有管理者重用有成就的人，进而激发有才能的人、有创造能力的人，才能发挥出员工的潜力，让员工变得更加积极，激发他们更加努力的工作，达成更好的工作业绩。

激发员工的思想觉悟，就要求管理者在端正对员工的态度的前提下，善于肯定和鼓励员工，给予员工正面的暗示，这样员工就容易获得成就感和满足感，让自己全身心地投入到工作中去。

对于员工来说，即使职务不高，大多数员工还是希望做好自己的本职工作。管理者可以通过下面几个方法，鼓励员工提高自己的工作能力。

(1) 按照员工自身能力分配给他们任务。有时候，一些员工不适合某个部门，管理者发现了就要及时调整，根据员工的实际能力重新来分配他的工作，这样员工才能真正为自己所用，并充分发挥员工的才能。

(2) 管理者要定期对员工进行培训，亲自为员工制订有效的培训计划，这样能够防止员工的流失，也能让员工感受到自己在公司的成长和发展，体会到管理者对人才的重视。

(3) 随时让员工感受到管理者对员工的关心。如果员工感受不到管理者的关心，就容易把自己当成为公司赚钱的工具，进而影响自信心，丧失工作的积极性和创造性。

管理者对员工的用心，员工感受得到，而员工踏实努力的工作态度，更是企业发展壮大的基本保证。因此，管理者一定要让自己的员工努力工作，不能轻视任何一个努力工作的员工，让他们在群体中找到归属感、成就感，这样才能极大地激起员工斗志，为公司效力。

【管理箴言】

有时候企业并不是缺少人才，而是缺少发现人才的眼睛。管理者应该经常自省，自己是否能慧眼识人？企业是否形成了适合人才发挥才能的机制？对此，管理者应该端正自己对待员工的态度，逐步完善、规范绩效评估制度，并通过制度的有效运行，发掘员工的才能。同时，建立有效的内部升迁制度和竞争淘汰制度也是公司发现人才的一个重要手段。只有做到这些，公司里的“千里马”才会崭露头角，企业才会有长远、广阔的发展前景。

4. 留住员工的心，才能留住人

随着市场竞争的日益激烈，相对较快的人员流动也越来越引人关注。所谓“人往高处走，水往低处流”，员工走向薪酬更好的企业也无可厚非，况且合理的人员流动还可促使企业改善经营管理机制，提高企业竞争力。但是有些企业管理者就很纳闷，自己公司的薪酬并不低于市场薪酬，可为什么还是留不住员工呢？实际上，这是企业的管理制度模式出了问题。

有的企业效益不错，给员工的薪酬也不见得比别的企业低，但是问题就出在公司制度上，制度过于苛刻、严厉，时间一长，员工会感到不自在。员工会想：“同样的工作，差不多的工资，我既然不被你重视，公司规章制度又太严格，我为什么要在令我难受的地方工作？”身为管理者，应该意识到这类员工的心理需求，也要认识到不同员工的心理侧重点。有的员工在乎的是高职位，有的员工在乎的是管理者的关怀，有的员工在乎的是工作的乐趣。了解了员工的心理，管理者才能对症下药，采取措施，安抚员工的心。

因为有时候，制度的不完善很难一下改变，但至少可以在自己权限允许的范围内，让制度活起来，以情动人，以心安心，就能缓解员工的不满心理。制度固然重要，但是作为企业管理者，如果不能安抚员工浮躁的情绪，及时关怀员工，给予员工疏导、认可和肯定，就会影响员工的工作效率，甚至使员工另投门户。

解决员工的问题，自然要从员工的心下手。员工的烦恼来自他们的欲望，并且人的欲望是不断升级的，管理者如果一味地满足员工，帮助下属解决问题，是永远不会结束的。安抚员工的心是普遍做法，除此之外的具体要求，属于特殊性，可以个别解决，这样才能产生激励的效果。

有个企业的司炉工人，晚上在朋友家喝多了酒，值夜班的时候睡着了，结果炉壁烧塌了，几个车间同时停气停暖。根据企业的规章制度，因为个人原因而给企业造成的损失，要给予行政警告，并且扣除一年的奖金。这个年轻人本质不错，工作勤勤恳恳，但是造成这样的事故，不处分又说不过去。如果不给予处分，给工人敲响警钟，将来可能发生更严重的事情。但是也要充分考虑到员工的心理，才能达到处罚的目的。

于是，老板经过多方调查，了解到这个年轻人是个老实人，喝酒那晚是因为他的父亲得了重病，他很难过。

老板先找他谈话，对他进行了必要的纪律教育，说清楚了自己处分的理由，然后说想听听他的解释。但是年轻人没有任何解释，对自己犯的错感到深深的忏悔，表明老板给任何处罚都甘愿接受。看到年轻人这样的态度，老板心里踏实了很多，在具体处罚上，跟部门主任沟通后，决定尽量减轻处分。

在车间大会上，老板先是对年轻人进行了严肃的批评，对他给予行政警告，扣发半年奖金。随后，老板还特意抽空看望了年轻人的父亲，送上了诚挚的问候，鼓励年轻人踏实工作，争取在工作上创佳绩。年轻人很受感动，更加努力地工作，再没有在工作上失误过。

可见，对于老板来说，留住员工的心，才能留住员工的人，才能赢得未来。只有员工在内心敬佩你的管理、你的为人，才会心甘情愿为你卖命，贡献出自己的全部力量。

抓住员工的心，以温和的管理手段对待员工，就能激发员工自省，进而激起强烈的工作热情和事业心。这种让人心服的惩罚才能体现出惩罚的意义。

【管理箴言】

成功的管理者，都有一个重要的特色，就是善于沟通，能够抓住员工的内心，赢得员工的尊重和信任，让员工为自己所用。靠规章制度教育员工，只能给人以不近人情的感觉，只有设身处地为员工着想，从员工的愿望出发，才能安抚员工的不满，提高员工的使命感和对工作的积极性。

5. 有了制度不执行，比没有制度更可怕

国家有了制度，社会才能保持和谐。企业有了制度，效益才能蒸蒸日上。但是有了制度，更重要的是要严格执行，不执行制度，比没有制度更可怕。

在现代社会，很多企业都制定了成熟的管理制度，大到规章纪律，小到作息规定，可以说已经相当完善。如果能够把这些制度坚决执行下去，对企业的发展会有莫大的帮助。但是实际上，不少企业都把制度当成摆设，就像是给别人看的，只是为了得到别人的一句赞扬，只是挂在墙上，装订成册，而不准备实施。

制度建立起来，却不能执行，这样的制度只能是一纸空文。那么，怎么避免制度成为“摆设”呢?

首先，要有最高领导层的绝对支持，一项制度在会上好不容易通过，可在执行的过程中，有些人总是抱着敌对的态度，一旦触犯到其利益，尤其是在公司有一定分量的人，这些人就会到领导那边夸大其词地痛陈其弊端。领导为了平息“民愤”，往往会对制度的执行者说：“我看还是这样吧……”

制度就这样被搁置一旁或是打入冷宫，形同虚设。久而久之，执行者没了信心，其他人就更无所谓：你定你的制度，与我何干？有人说：执行的文化就是领导层的文化。一个企业要建立执行观念，不管遇上什么风浪都要有一如既往、毫不动摇的意志。

其次，管理层在执行制度的过程中必须以身作则、坚持公平公正的原则。在执行制度的过程中，带头违反的往往是一些管理人员，执法者往往碍于“情面”或是不敢得罪“权贵”，任其逍遥法外。如此一来就会出现人情枉法、践踏制度的现象。因此，必须执法必严、违法必究，决不容许任何人凌驾于制度之上。如果企业没有逐步建立执行文化，再好的制度都会变成一纸空文。

再次，在制度实施的过程中，要定期检查执行情况，检查各项工作是否按照制度的要求执行，并找出异常的情况，查明原因。同时还要看实施的效果如何，看看最终的目的是否达到了，坚持用事实说话，不能凭主观印象做事。

最后，制度本身要合理，要有可行性，要规范化、系统化。有些企业的制度是部门根据自己的理解站在本部门的角度认为应该怎样做就把制度定出来了，然后马上下发执行；还有些企业，往往心血来潮，今天想到什么，定一套制度，明天想到什么，又定一套制度，而且格式上不统一，不同部门的制度互相抵触，让员工无所适从。试想这样的制度又如何能执行下去呢？结果变成了“制度写在纸上，贴在墙上，风一吹就掉在地上”。因此企业各职能部门在制定制度前，必须要深入了解企业现状，然后再根据企业实际情况制定相关制度，制定好后交相关分管领导审核。分管领导审核应站在整个公司的角度，这样可以使制度更合理，也避免不同部门的制度相抵触。

【管理箴言】

企业持续发展是硬道理，管理更是硬道理，没有管理便不会有执行，没有良好的执行，显然也谈不上更好的发展。已经有太多夭折的企业告诉我们：有多少曾经成名的大公司、大品牌，正是折在这管理基因缺陷的宿命里。所以，把制度真正地贯彻并执行下去，这对企业和员工来说都是十分有益的事。

6. 让员工知道你的期望

老板对员工表明自己的期望，能够换回员工的信任，也能赢得员工的尊重。老板不妨假设一个较高的标准，当员工没有达到这个标准时，可以给员工提一些建设性的建议，员工就会很快理解你的期望，并及时有效地完成。

老板的期望很大程度上能够影响员工对工作的积极态度。在相当多的企业里，员工其实并不知道管理者或者企业对自己的期望，所以在工作时经常做了过多管理者本来并没有期望他们做的事，而在管理者期望他们有成绩的领域里却没有建树。之所以会出现这样的情况，完全是由于管理者没有为员工做好目标设定，或者没有把目标设定清晰地传达给员工。

主人丢了两头牛，于是吩咐他的仆人出去找。但是直到太阳快下山了，主人还没有看到仆人的影子。没办法，他就只好去找仆人，想知道发生了什么。在野地里，主人看到仆人在那里来回地瞎跑，就问他：“你在做什么？”

仆人一脸兴奋地说：“到这里的时候我发现了两头鹿，您也知道，鹿比牛可金贵多了，所以我就没有去找牛。”

主人说："那鹿呢？"

仆人说："有一头向东边跑了，我去追，可我跑得没有它快。但是我记得朝西边跑的那头鹿脚有点问题，如果我现在去追它，肯定能追到。"

这个故事虽然有一种讽刺意味，但是却表达出了下属不能明确老板期望，就会让工作偏离，再努力也是无用功。

那么，什么是老板的期望呢？期望并不单纯地指完成重大工作目标，它和每天的日常工作也有很大关系。比如，负责的老板期望他的员工准时上下班，开会准时到场，按讲好的时间到达，不让别人久等；期望他们的员工回复电话、回复信函，并信守诺言；期望员工彬彬有礼，尊重每一个人；期望自己的员工在善于聆听的同时要勇于表述，做到公开和诚实。

期望还包括明确工作目标和目的。每一名员工都想了解老板对他的工作期望。可是，在这方面，仅对工作性质的描述，几乎没有什么作用。最重要的期望要集中在一个人在工作中必须完成什么。而一名出色的老板会期望他的员工自己来决定完成这一目标的最佳方式。

身为一名老板，如果你不能明确你的期望，或者没能与员工达成一致，就会产生不好的结果。员工们会认为你软弱、立场不坚定、糊涂而且没有能力。相反，如果明确了期望，你就会提高员工对自己的信任度，并受到尊敬。这一过程可以非正式地运作，但必须通过自己的行为建立并巩固起来。开始时，你可以假设一个高的标准，当员工们没有达到这个标准时，你的回答应该是有助益的、有建设性的，他们很快就会明白你期望他们怎样做。

为什么让员工了解我们的期望如此重要？因为，如果没有明确的期望，员工们就会找不到工作中努力的方向，就会没有确定感，就会变得没有信心，心理脆弱，经受不住挫折。

员工对老板的期望有很多，同样老板也期望员工们能为自己做更多的工作。为了适应环境，战胜竞争对手，你必须尽可能从员工那里获得更多的东西。因为你的客户向你索取的只会越来越多，如果你不能满足他们，他们将会寻找其他可以满足他们的人。

你期望员工热心工作，忠诚守信，期望员工将客户的要求放在第一位，乐于为客户服务并使他们满意，期望节约公司财力，并且尽全力支持你的工作……你对员工有众多的期望，但是同时必须要明白你的员工希望从你身上得到什么。老板与员工之间都希望从对方那里得到东西。

【管理箴言】

当你期望的太多，而得到的却很少时，抱怨没有任何意义，应该抓住机会学习。有时，失败会推动员工更上一层楼，使他们不断进步。这需要老板和员工之间有充分的信任。当然，在你和员工之间，最重要的是在期望对方做出所有努力之前，应该对自身严格要求，当你一点点达成对自己的期望，并按照既定的方向努力时，你会发现员工也都在追随着你。

7. 让制度成为团队生活的重要部分

完善的制度要充分考虑到员工的需求，让员工感受到老板的关怀，这样员工才能一心一意扑在工作上，把规章制度当成团队生活的重要部分。

企业制度有多重要?

当你每天早上进入办公室，你的工作就开始了。在新的一天，你忙忙碌碌，你的工作是游刃有余，还是一片混乱？办公室外的员工也忙忙碌碌，他们是按部就班，还是浮躁不堪?

而让你的管理工作变得轻松，就一定需要制度化的管理。

好的制度能够帮助你建立健康的生产经营秩序，也能调动起员工的积极性，让员工了解到自己应该做什么，不该做什么，明确自己的工作职责。整个团队的工作积极性被充分调动起来，就能推动企业的经营工作不断发展。

管理者在实际的管理过程中，会发现一个现象，就是管理教育同管理实施是同步进行的。管理者要持续不断地对员工进行管理教育，并且在日常生活中也要有计划、有目的地向全体员工灌输企业的发展、经营目标、企业的管理制度、企业的文化等。不仅如此，还要重视管理者自身的示范效应，这样长期下来，企业的制度、管理思想、企业文化就能对员工产生潜移默化的影响，让制度意识在员工脑海里生根发芽，转化成员工的思想，让员工实现自我管理。

但是有时管理实施的过程容易出现偏差，稍微不注意，就容易在执行的尺度上把握不准。在日常工作中，管理者经常会遇到有些员工违反管理制度的情况，但是由于觉得事情不大，或者碍于面子，就只是提醒或者口头教育一下完事，并没有按照规章制度处理。时间一长，不遵守制度的员工越来越多，规章制度也形同虚设，这个时候再补救就来不及了，因此，管理者要注意，制度一定要落实到位，严格才能出效果。

在大象很小的时候，驯象人用一条很细的链子将它拴住，小象便挣扎不脱。后来小象长成了大象，仍是一根小小的柱子，一段细细的链子，大象轻而易举就能挣脱，它却已经习惯不再挣扎。有一个驯虎人，他本来也像驯象人一样成功。让小虎从小就吃素，小虎长大后，脾气非常和善，自然也不伤人。但是有一天驯虎人在驯虎过程中打了老虎，老虎一生气就咬了驯虎人，驯虎人反成了老虎的盘中餐。驯虎人的悲剧在于，他习惯了老虎不咬人。习惯可以绑住一切，却绑不住偶然。

因此，让制度成为团队生活的一部分，但是管理者也不能放松警惕，要时刻按照规章制度做事，维护制度的尊严。这样才不会让某些个别员工凌驾于制度之上，让制度成为摆设。

【管理箴言】

让制度成为团队生活的重要部分，就需要企业管理者根据员工的能力、素质、承受力来制定制度，以此来规范员工的行为，最终实现为企业服务的目的，同时又能最大限度地照顾到员工的利益，促进员工和企业的共同发展。

8. 激发员工崇尚遵守制度的荣誉感

激发员工的荣誉感是贯彻落实企业文化制度的重要措施，是一项复杂的系统工程，要多管齐下、多形式运作才能有效，同时也要与时俱进，注重方式方法的创新，循序渐进，需要老板本着“功成不必在我”的境界，多做打基础、看长远的工作，才能真正收到实效，也才能真正激发员工的“休戚与共”的心理，为企业发展添砖加瓦。

员工的荣誉感和对工作负责的态度是休戚相关的。员工有了荣誉感，才能更好地遵守制度，自动自发地完成工作，把热情全部投入到工作当中，为企业创造价值。

企业管理者应该善于激发员工的荣誉感，让员工用荣誉感来约束自己的行为，端正自己的态度，这比用规章制度规范行为更有效果。很多实践表明，强烈的荣誉感，能够促使员工生发高度的敬业责任感与使命感，工作积极主动，勇于担当，奋力进取；同时，能够因荣誉而更加自信，努力上进，工作学习更加自觉，平时能够自我约束、自我矫正，始终保持良好的职业操守。

美国有一家公司发展迅速，生意红火，公司员工总是斗志昂扬，充满活力。有家报社采访了这家公司，想了解公司发展迅速的秘密。在采访的过程中，记者发现，这家公司内部有本很受员工喜爱的刊物，公司每个月都会通过提名和刊登照片的方式对工作出色的员工进行表彰，员工都把在刊物里出现自己的名字当成一种荣誉，每个人都积极工作，希望自己的名字出现在下个月的刊物里。记者还发现，每年的 8 月，受到公司表彰的员工能够享受到免费到巴厘岛游玩。每年年底，公司对表现优异的员工，将颁发奖章，并且颁奖的地点选择在科罗拉多的维尔山脉，员工将会坐着缆车到达山顶，在众人的欢呼中得到奖章。全程的颁奖典礼就像一场狂欢会，整个过程会被拍下来，在公司循环播放。可以说，工作出色的员工才能成为热闹场面的中心人物，他们收到大家的喝彩，得到老板的奖励，这也激励和鼓舞着整个团队奋发向上。

可见，荣誉能够使获得者获得极大的荣耀，还可以成为其他人学习的榜样和奋斗的目标。因为荣誉感一旦被激励起来，就具有极大的社会影响力和感召力，能让企业更加具有向心力和凝聚力。

那么，怎样才能有效地激发员工的荣誉感呢?

首先，激发员工的荣誉感要创新方法，加强教育引导。企业要结合实际采取多种方式，以先进的理念引导人，以严谨的文化导向规范人。引领员工价值理念的转变、行为习惯的优化，启发引导员工树立正确的职业观，培育良好的符合职业要求的行为习惯，不断升华自己的职业素养。着力培养员工浓厚的企业情怀，始终保持对企业负责就是对自己负责的态度，恪守兴企之责，强化责任意识，履行员工义务，忠诚企业，热爱企业，敬业爱岗，进而发自内心地严格遵守规章制度，严守操作规范，以遵纪为荣、违规为耻，使自己的职业理想和企业发展同频共振，在推动企业发展中实现人生价值。

其次，激发员工的荣誉感要精心营造良好的氛围，发挥潜移默化的功效。注重企业文化的全方位渗透。从项目部，到各施工队，到各个班组、各个岗位，每个人、每个作业和生活场所都有良好文化氛围的渗透，恰似时时处处环绕在每位员工周围的“精神空气”，感召着每一位员工，发挥着鼓舞、凝聚和指导作用；恰似浸润着企业气质的土壤，时时刻刻沉淀在每位员工的脚下，发挥着强大的滋润和培育作用，使员工在环境熏陶中从一点一滴做起，潜移默化地修正自己的言行习惯。同时，领导干部要身体力行，一方面，严格按照制度办事，讲科学、讲规范，在生活、学习、工作中严格要求自己，时时处处起到带头表率作用，使员工处处有标杆，时时有榜样；另一方面，领导干部要始终保持同普通职工的血肉联系，构建互相尊重、互相关心、互相爱护、互相理解、没有高低贵贱之分、充满爱心和友善的人文环境，不断拉近干群之间的心理距离，筑牢干群关系的信任基石，这样才能使企业的价值理念逐渐融进员工的血液里。

总之，激发员工的荣誉感是贯彻落实企业文化的重要措施。老板给予员工荣誉，就能让员工感到自豪，为了维护这样的荣誉，员工势必更加勤奋地工作，这是很多聪明的管理者都采用过的方法。

优秀的员工就如同优秀的士兵一样，在严格遵守制度的前提下，他们是具有责任感和团队精神的典范，他们积极主动，富有创造力。他们把责任感、荣誉感与企业的和谐统一起来，他们是企业最宝贵的财富。

【管理箴言】

一个没有荣誉感的团队是没有希望的团队，一个没有荣誉感的员工就不会成为一名优秀的员工。只有让员工对企业有一个正面清楚的了解，才能对企业的发展充满信心。只要我们尽职尽责，努力工作，同样会赋予我们荣誉。任何人在工作中除了获得劳动报酬，还在追求一种认同感、归属感和成就感，而这一切都建立在荣誉感的基础之上。只有这种荣誉，才能激发每一位员工对待工作全力以赴，才能引导员工自觉地远离任何借口，在争取荣誉、创造荣誉、捍卫荣誉、保持荣誉的过程中，自觉地融入到集体之中，获得更好的发展。

第八章

绩效考核：让员工将制度落实进工作的每一个角落

绩效考核是绩效管理的关键环节，运用科学方法对员工进行绩效考核，才能有效达到改善员工行为和管理员工的目的。一套良好的制度，是保证绩效考核能够顺利有序推行的根本。同样，做好员工的绩效考核工作，也能保证制度的落实到位，确保企业的良性、稳定发展。

1. 没有监督就没有落实

对于老板的监督考核，员工从来都是十分重视的。因此，制度实施后，管理者要做好监督、检查的工作，这样公司才有约束力。实际上，监督、检查不只是为了落实好制度，同时也是为了让管理者更好地发现错误、解决错误。

管理团队的过程中，要保证员工的工作落实到位，在绩效考核的基础上，也少不了管理者的监督和检查。如果管理者不去检查员工的工作情况，制度就等于没有建立，工作就等于没有落实。

作为企业的代表，管理者的监督工作不容小觑，代表着整个企业的战略决策者，同时也承担着相应的责任，一旦开始工作，管理者就应当履行监督员工工作的责任。此时的管理者就像一个检察官，牢牢盯紧重要的环节，如果管理者扮演不好这个角色，关键部门、关键任务就容易出问题，进而影响工作进程，落实也会大打折扣。

无数的事例证明，监督不力会造成公司好的战略决策付诸东流。著名的三星就是一个例子。2001 年，全球经济衰退，三星也受到牵连，营业额下滑严重。为了挽救三星，公司总裁李健熙亲自检视三星下属一个重要事业部经过修正后的运营计划。他先是肯定了事业部经理为公司做出的努力，随后指出了事业部没有达到应该有的投资回报率。接着，根据事业部的近况，提出了事业部和供货商研拟存货周转率的建议。并且，在详细咨询事业部经理的意见后，最后要求经理每个月固定开视频会议，工程人员、财务经理、生产部经理等都必须参加，确保计划的顺利进展。

不仅如此，为了防止监督不力的情况发生，三星在企业内部实行全规章制度，从上到下都形成了制度保证监督网络，对于不合格的零件坚决丢弃，不合格的产品坚决不出厂。每个车间、班组都设立质量保证机制，还派出专门的人检查产品质量。

就这样，三星在衰退的经济背景下力挽狂澜，效益节节攀升。可以说，这和三星内部从上到下监督有力是分不开的。

企业是由人构成的，制度只有靠人去监督才有意义。如果没有人监督，制度就变得可有可无，工作也难以有效落实。

管理者在监督时，可以采用下面几个方法：

(1) 亲临现场法。一套制度公开后，管理者不要等待员工定期汇报，要亲临现场观察，这样才能及时发现问题，解决问题。

(2) 电话跟进法。把电话延伸到公司的每一个角落，管理者能够运用电话，及时监督跟进员工工作。

总之，管理者监督的过程，是把制度落实的过程，也是及时发现问题、解决问题的过程。遇到问题及时解决，就能极大地提升工作效率。

【管理箴言】

管理者在监督的过程中要注意分寸，不要因为工作职责的分工不同而使得工作关系恶化。监督不能过度，如果过度监督和把控，会引起员工的反感，也会阻碍员工的工作进程。喜欢过度监督和打击员工的管理者，很难遇到能全心全意为企业工作的员工，时间久了，员工会充满抱怨，执行力也得不到提升。

2. 成为主抓落实的“检察官”

人都是有惰性的，当身边缺少人们的监督，就会有所懈怠。在工作中，即使素质再高的员工也会出现偶尔的失误，这就需要企业管理者把监督、检查的作用发挥透彻，使制度落实到位。

做个主抓落实的“检察官”，就是要求管理者像检察官一样公正严明，并且抓工作的时候能够亲临现场，检查工作人员的工作是否做到位，是否按照企业的制度流程做事。亲自到现场监督员工工作的管理方式，也叫作“走动式管理”。运用这种管理方式最为有名的企业就是惠普公司。

惠普公司的“走动式管理”就是指高管经常走动于各个部门之间，了解各级员工的工作情况，多和他们沟通、鼓励他们，更好地了解每个部门和员工，以更有效地做出决策。再比如，著名的麦当劳快餐店创始人雷·克罗克，他也是美国最有影响力的十大企业家之一。他在公司不喜欢整天坐在办公室里，而是喜欢去各个公司、部门走走、看看、听听、问问。曾经有一段时间，麦当劳公司面临严重的亏损危机，克罗克发现一个重要原因就是：公司各职能部门经理有严重的官僚主义，习惯躺在舒适的椅背上指手画脚，还把很多宝贵的时间耗费在抽烟和闲聊上。于是克罗克为了整治这些经理，想出了一个点子，把所有经理的椅子靠背锯掉。一开始，很多人骂克罗克是个疯子，但过了不久，大家就体会到了他的一番“苦心”。他们纷纷走出办公室，深入基层，开展“走动式管理”。及时了解情况，现场解决问题，最后终于使公司扭亏为盈。

还有一个例子，日本著名企业家土光敏夫在接管东芝电器后，他针对公司每况愈下的状况，彻底更改了上一任管理者的管理方式，坚持每天上班时向员工问好，在第一生产线上和员工面对面交流，和善地倾听员工的意见和建议。在工作之余，他经常和员工们一起吃饭，闲话家常，对员工的衣食住行也十分关心。时间长了，土光敏夫竟然能够叫出所有员工的名字。员工们十分感动，士气大振，共同努力，最后使得东芝电器走出了困境，进入了全新的发展阶段。土光敏夫的“走动式管理”，让总裁形象深入人心，使基层员工备感亲切，可见，“走动式管理”用得好，能够起到事半功倍的效果。

具体来说，这种管理有下面两个优点：

（1）便于管理者收集信息。管理者要亲临现场，亲自观察，这样有利于及时发现、解决问题。

（2）便于管理者跟员工沟通，协调工作。管理者到达现场，在第一线与员工见面、沟通，进而找到制度落实不到位的原因，对症下药。同时形成监督机制，互相制约，确保制度落实不走样。

需要注意的是，在进行“走动式管理”时，管理者要带着问题，带着发现问题的眼睛和耳朵去了解情况，这样和员工沟通起来才能畅通无阻，否则会浪费时间。这样既能提高办事效率，也会给员工一些工作压力，让他们认真对待工作，防止弄虚作假。要明确，企业管理者“走动”的目的就是要了解工作情况，发现问题并纠正。另外，要和下属多沟通，沟通是双方的，因此要聆听下属的建议或意见，和他们讨论问题和解决方法。

只有管理者变成企业主抓落实的“检察官”，才能面面俱到，从上而下，把制度贯彻始终。管理者耗费的是体力，但是却不需要太多资金和技术，就能够迅速提高企业制度落实的力度，提高企业的经济效益。

【管理箴言】

在工作中难免会有员工懈怠工作，如果企业管理者不闻不问，不对落实的情况进行检查、监督，势必会影响落实的效果。因此，检查就像一堵“防火墙”，检查的过程就是防患于未然的过程。在检查时发现的问题要及时解决，能当场纠正的就当场纠正，不要拖到日后去处理。如果问题过于复杂，管理者不能解决，此时应该立即督促相关部门抓紧解决。

3. 把工作分析的考核功效发挥到最大

管理者对员工进行绩效考核时，工作分析的方法非常重要，管理者要了解每一项工作要完成的任务和步骤，这个过程可以看成是对整个组织结构进行审查和全面检索的过程。

什么是工作分析？工作分析就是指对某特定工作岗位做出明确规定，并确定完成这一工作需要的组织中每一个独特角色和相关信息的过程。工作分析是一项巨大而复杂的基础性工作，是在对企业一切问题进行深刻了解的基础上进行的，它所产生的结果可以在企业人力资源管理的组织设计、招聘录用、绩效管理、人力资源规划、员工培训、薪酬设计等多个领域应用。

我们之所以要用工作分析的方法来进行考核，是因为企业工作分析对企业的制度落实起到很大的作用。

首先，工作分析可以帮助组织察觉正在发生的变化。尽管我们很容易把工作看成是静态和稳定的，但实际上，工作总是在不断发生变化的，从事工作的人经常会对工作进行细微的调整，以适应环境条件的变化，或适应个人在完成工作方面的习惯。工作分析过程中出现误差的主要原因是工作描述变得过时。工作分析过程除了要对工作进行静态的界定以外，还应当探查工作性质所发生的变化。其次，通过全面的工作分析可以诊断组织潜在的弊端。工作分析提供的与工作有关的信息，可以帮助管理者理解工作流程，察觉组织暴露出的不合理性，可以帮助管理者对某些方面进行再设计，从而提高工作效率。

企业进行工作分析时要能解决如下问题："员工完成什么样的体力和脑力活动？工作将在何时完成？工作将在哪里完成？员工怎样完成这项工作？为什么要完成这项工作？完成这项工作需要哪些条件？"只有能对这些问题做出正确回答的工作分析，才能为管理者提供有效的信息。企业进行工作分析要选择恰当时机，一般而言，主要是在以下情况发生时：新组织建立，新工作出现，新技术、新方法、新工艺或新系统的出现使得工作发生变化，企业正处在变革或者转型期等。

具体说来，管理者在进行工作分析之前，要先做好一些准备工作：

第一，收集工作信息。就是前面提到的，解决一连串跟工作相关的问题。工作信息主要是跟员工沟通而得到的，再就是从企业的基本政策、制度、法规等途径中获得的。

第二，工作分析的沟通。在工作分析的过程中，企业管理者应该考虑到与下属员工沟通的方式。沟通的第一步就是设计战略计划，包括沟通的对象、时间、地点以及沟通的主要负责人等。此外，沟通的方式也很重要，有员工之间的沟通会、经理与员工共同参与的小组会或者员工信息分享会等。

【管理箴言】

管理者应该注意的是，任何工作分析都可能有出现误差的情况，因此在进行工作分析之前，不妨考虑一下工作分析的过程中可能出现的误差的来源，把问题的发生率减小到最低，这样才有利于将工作分析考核的功效发挥到最大。

4. 量化考核的工作才有意义

在实际工作中，量化考核想要发挥应有的激励作用和效果，关键在于绩效考核的量化定位和抉择。人力资源管理者既要有先进的量化理念，同时也要掌握科学的量化技术；既要把握量化的正确方向，又要从工作性质的实际出发寻找定量与定性的平衡，充分体现人性化原则及其与工作的高度关联性。绩效考核的量化定位与选择要有利于改善员工生理和心理健康，采用提升技术、方法创新、优化环境、有效配置、弹性工作等方式，进一步拓展效率提升的空间。

如果一份工作找不到可以量化其价值的方法，那么我们可以说这份工作是毫无价值的。工作价值被量化，才意味着一个人的工作有了具体的目标、计划。所以，企业管理者应该强调把工作量化。只有建立量化的标准，才能对一个人的工作价值进行客观的评价。你说这个员工每天来得最早，走得最晚，看起来工作很努力，但是你怎么衡量这个价值？不能你说他努力他就真的努力了吧？在考核员工工作的时候，客观、理性的数字比堆砌的名词和形容词更有说服力，也更能说明一个员工努力的程度。管理大师德鲁克说过：

"只有我们明确了目标，进行目标管理才是有效的。"

对企业管理者来说，量化员工工作更有利于比较考核指标，衡量其工作价值。在绩效管理工作考核体系的设计过程中，考核指标设定是关键的一环。考核指标的设定确立了对员工绩效管理工作考核的内容和标准，是整个绩效管理工作考核体系的参照系。从更深层次上来说，通过考核指标的设定，可以影响员工对待不同工作的态度，进而起到引导员工行为的作用。也就是说，通过考核指标的设定，让员工明白企业对他的要求是什么，以及他将如何开展工作和改进工作，他所获得的报酬会是什么。因此，从这个意义上来说，考核指标的设定又是整个绩效管理工作考核体系的目标和目的，具有战略导向性。

但目前中国的很多企业都是一言堂的规则，就是我说你好你就好，我说你差你就差，量化考核、顾客满意度调研等的意义不大，基本上还是人治大于法治，老板的意志最重要。如果这是你想要的考核结果，那你就不用花那么多的时间和精力来做这件事了。

要秉持公开、公正的原则，避免主观意识，量化工作可以说是现阶段最可取的方式了。不能量化的工作是以柔性互动的方式去工作的，员工之间需要充分的互动和自觉的配合，这就会使得工作常常难以进行过于精确的任务分工和责任分摊，同时也就难以对各岗位建立过于清楚的考核标准。勉强为之，常常会发现牛头不对马嘴，或者适用于 A 部门却不适用于 B 部门，适用于甲岗位却不适用于乙岗位。不量化的工作不能有效地推动工作和帮助员工成长，结果难免会被员工们抵触，进而应付工作。如此一来，就容易使团队文化僵硬刻板，失去活力，严重的甚至导致企业文化发生质变，甚至于员工团队溃散！这种情形在中国企业的考核实践中屡见不鲜。

但要防止量化的误区，不要为量化而量化！比如你的员工还没有量化工作的概念，或者员工的工作性质并不适合量化。因此，在量化工作时要尽量体谅员工的心理，关注考评中的公平，强化交流与反馈，提供必要的指导与帮助，提高员工的认同度。

【管理箴言】

无论一个企业的规模大小如何，没有量化的考核是一定行不通的。成功企业的经验是一听二看三感觉。听，就是要注意听谁的，怎么听，老板要做到自己心里有数，不能跟着员工的话走。看，就是要求老板有火眼金睛，亲眼看到远比听人汇报强。感觉，就是要求老板运用综合智能，对员工有清晰的感觉后，再通过其他的方式求证自己的感觉。

5. 人一闲着，就会出问题

企业管理过程中，管理者始终扮演着重要的角色。打造一个有战斗力的团队，除了注重自身能力，管理者的忧患意识和对员工敏锐的观察力也同样重要。及时发现企业中的“闲人”，清除对企业产生不良影响的个体，同时及时调整策略，把每一个员工都调动起来，让企业处于一种积极向上的状态，这样的企业就会无往不利。

企业是一个多人协同配合获取利润的团体。只有能力出众的员工才能为企业带来长期效益，公司依靠优秀的团队人才不断扩大规模。在扩大规模后，就需要更多的人员参与进来。然而，人越来越多不见得是一件好事。很多时候，企业的人员增长和企业效益并不成正比。企业人浮于事的现象增多，管理也跟不上，这个企业就等于开始了慢性自杀。

此时，企业管理者应该做的就是保证每一个人有事可做，设计好项目，然后尽快实施，让全员参与进来。一旦有人闲着，这个企业可能就会陷入危机。而作为员工就必须要警惕自己随时会被裁掉。任何企业都不养闲人，所以裁员是每个企业必然会经历的过程。虽然裁员看起来很残酷，却为企业和员工客观、真实地提供了一种良好的共同发展的机制。

裁员是淘汰“拖后腿”的员工的开始，也是企业自救的开始。

凯伦准备创业，并筹集了足够的资金，代理了一家公司的产品，还招聘了十几个员工。然而，没过多久，公司就因为经营不善而面临困境。凯伦非常苦恼，试图找出经营不善的原因。经过调查后他发现，公司效益不好跟销售人员的工作态度有很大关联。一开始，凯伦为员工制定了统一的薪酬标准和提成制度。员工开始投入工作时也都热情高涨，但是很快，销售人员的热情就渐渐消退，失去了斗志。他在与一些员工沟通后，得到了这样的信息：

业绩优秀的员工说：“靠我的能力拿到薪水，这种方式让我能发挥自己的能力，但是这种方式不足以让我跟普通员工区分开，我努力工作一个月后，拿到的薪水并不比普通销售人员多多少。如果辛苦工作一个月和轻松工作一个月差别不大，我为什么要努力呢?”

业绩普通的员工说：“我的能力在销售过程中一点点提升，但是我的薪资水平没有达到我期望的高度。”

业绩很差的员工说：“虽然我的销售业绩不好，但是我的薪水每个月还是有保障的，公司对我们真是太好了。”

了解了公司的员工状况，凯伦决定，必须改变对员工价值评价的标准，不再养“闲人”。于是，他主动找到其他企业的管理者请教经验，回到公司后，制定了末位淘汰制。对于那些有能力的员工，凯伦把他们的工资提升到普通员工的 2~3 倍，对业绩普通的员工，给他们两个月的时间调整。很快，这种制度产生了效应。业绩很差的员工被踢出局，业绩普通的员工因为危机感更加努力，甚至还变成了业绩优秀的员工，而原本业绩优秀的员工得到了应得的奖励，工作更加有劲头，凯伦的公司效益蒸蒸日上。

从这个例子不难看出，在企业制定淘汰制对企业的业绩有很大影响。只有及时转变观念，察觉到企业里“闲人”的存在，及时调整制度，改变员工的工作态度，企业才能走得更长远。

当企业出现“闲人”的时候，企业管理者一定要问问自己，是员工出现了问题，还是自己的政策出现了问题，并及时采取措施补救。如果是员工的工作状态出现了问题，企业管理者就需要对症下药，帮助员工走出困境。同时企业管理者也要认清员工的“资质”，是优秀的人才，还是平庸的蠢材。如果是后者，这样的员工对企业的杀伤力是很大的，企业管理者可以不留情面，一旦发现，立刻辞退。管理者要明白，企业要想发展壮大，光靠优秀的人才是不够的，还要避免企业内部出现“闲人”，这样的人会摧毁整个集体，一定要及时地清除出去。

【管理箴言】

裁员是企业提升工作效率的前提，把有限的工作投入到有限的员工中，不仅提高了工作效率，也能给企业节约成本，鼓舞员工士气。此外，如果企业处于经营初期，裁员是很困难的事，企业管理者还可以选择培训员工的方式，提升员工工作效率。一方面能够提高员工能力，另一方面可以避免公司闲散员工的存在，对个人和企业都很有利。

6. 考核离不开员工的参与

绩效管理是一个有计划、有准备、有指导、有沟通的循环过程，既重视结果，也重视行为。为了更好地引导员工行为，加强员工的自我管理，提高工作绩效，发掘员工潜能，创建一个具有发展潜力和创造力的优秀团队，绩效考核就要形成考核互动，充分发挥考核的主体作用。

企业的考核通常是跟员工的薪酬、奖金以及晋升机会等关系到员工切身利益的事情密切相关的，因此员工都十分重视管理者的考核。企业考核不仅能鼓励员工继续发挥和提高自己的工作能力，也能提高团队的整体业绩，可谓是企业和员工之间的“双赢”。

然而，企业管理者在推行绩效管理的过程中，总会遇到来自各方的阻力。因为绩效管理不但是对员工行为的一种改变，同时也将员工利益和企业目标紧密捆绑在一起，因此多数员工认为绩效管理是企业为约束员工而给他们戴的“紧箍咒”，因而不理解、不配合，甚至消极抵制。如果这个问题不能从源头上得到解决，绩效管理最终要么成为一种纯粹的形式，要么可能直接“流产”。

在激烈的竞争压力下，员工大都希望通过自我管理，能够得到更多工作上的发言权，但同时，每一位优秀的员工也渴望自己的工作结果能得到一个公正的评价和反馈，渴望有一个科学的竞争机制能够让自己脱颖而出。他们之所以对绩效管理产生反感甚至敌对情绪，很大程度上是由于没有明白企业导入绩效管理的真正意义。因此，绩效管理理念的成功导入是企业顺利推行绩效管理的前提。绩效管理的目的是将公司战略逐级分解，以期望的目标值来规划每个员工的“行为跑道”，使员工在保持矢量一致的情况下充分发挥各自的潜能，完成工作目标，从而保证组织目标的达成，实现企业与员工的双赢。此外，通过对员工业绩、素质能力的考核评估，发现员工现有知识、技能与现任岗位要求和未来职业发展的差距，指出改进的方向，为员工提供必要的在职辅导，提高员工的胜任能力，使员工未来能有更多的发展机会。比如西门子公司提出的“自己培养自己”的理念，就是通过管理者的引导和帮助，实现员工的自我管理，充分发挥员工的积极性、主动性和创造性。

为了避免员工对绩效考核产生抵触情绪，管理者不妨采取灵活的人事考核制度，鼓励员工积极参与到考核的过程中，令考核更加公平合理。可以通过让员工参与目标制定的机制，参与到绩效管理中来。在这个过程中，管理者需要改变以往命令式的任务分配方式，通过与员工的沟通交流，让员工明白每个目标的完成在部门和公司目标中的重要性。为了达到这一目标，要明确企业和部门希望员工做什么、如何做才是正确的、最后目标的完成结果和激励关系是怎么样的等。同时，管理者还要同员工交流实现目标的方式、可能会遇到的问题以及需要的资源等。通过这样的方式，员工会有一种被重视的感觉，同时也提高了分析问题、解决问题的能力，最重要的是，对绩效考核的抵触心理也会大大减弱。

另外，通过与员工共同制定目标，员工在工作中就有了明确的方向和正确的思路，从心理上更加愿意接受工作目标的约束和引导，进而产生巨大的工作动力。同时，老板与员工一起自上而下选择自己的目标能激发个人的责任意识，引导员工主动地自我设定挑战性的目标，这对个人绩效和团队绩效都将产生积极的影响力。

【管理箴言】

在许多企业的绩效管理中，员工完全是被动的任务接受者和绩效被评估者，老板只是将自行设计好的绩效标准和工作任务强加给员工，在员工对这些强加的绩效标准和目标充满抵触的情况下，员工及其部门的绩效结果也就可想而知了。因此，要改变这种情况，一定要让考核制度公正、公开、公平，让双方都能够认同，这就需要员工的积极参与，这样才能使考核最大限度地发挥作用。

7. 合理合法地用好电子监控

企业在职业场所安装电子监控设备已经成为一种普遍的社会现象。此种现象的存在有其合理的基础。电子信息技术的发展，为电子监控设备在职业场所的普及提供了技术上的可能。此外，企业作为以营利为目的的市场经济主体，出于预防信息泄露、提高员工工作效率、增强自身生存能力和竞争实力等考虑，有必要安装一定的电子监控设施。从企业财产权理论出发，企业有权对自身的财产进行管理、控制、维护，促进自身的财产保值、增值。职业场所及职业场所内的设施是企业财产的重要组成部分，企业基于管理自身财产的所有权主体资格，在合理合法的前提下，有权采取一定的电子监控措施，防范风险、增加收益。

作为市场经济的主体，企业通常需要适应外界的要求不断地改善生产、调整结构；同时在企业内部制定科学的奖惩机制、合理的员工调度方案，并适时调整内部组织结构。上述行为均为企业日常运营所必需。而为了实现行为的科学性，保证决策的效率性，企业通常会实施一定的电子监控措施。此类监控措施便于企业及时发现日常运营中的纰漏，排除生产活动中的不安全因素，发现生产、组织过程中的不合理现象，并通过监控获得的数据、记录适时地做出人员调整、设备调整和产业调整。

从某种程度上说，电子监控设施的采用为企业正常管理职能的实现所必需。凭借一定的电子监控措施大大缩短了企业的管理成本，提高了企业的决策效率。而作为企业财产权的重要权能之一，企业的财产管理权关系到企业能否在现代化管理理念下存活下来，能否以更科学、更高效的管理获得发展机遇和生存空间。其将对企业财产权的维护起到保障作用，也是企业财产安全权得以实现的重要基础。但是，如果企业管理者过分运用这样的监管方式对员工进行监督，也可能会侵犯到员工的隐私，甚至惹上官司。比如下面这个例子：

某家公司在网站上发现有人在以低于全国统一价格售卖自己公司的产品课件，严重损害了公司在社会上的形象。为了防止企业机密资料被盗窃，规范员工的行为，提高生产效率，这家公司决定增加对员工的电子监控。在这样的环境下，员工怨声载道，感到自己的一举一动都被监控，工作积极性大大降低，工作效率也开始降低。

实际上，这样的例子在很多企业中并不少见。那么，要怎样合理合法地使用好电子监控呢？

首先，要取得员工的同意，并且双方把同意的内容写进合同。在招聘员工时不妨采取公开隐私管理的方法，既遵守了保密性原则，又解决了电子监控对员工隐私的困扰。

其次，出于商业原因的监控。有些企业出于正常的商业目的，不需要经过员工许可，就可以对员工进行电子监控监督，甚至可以监听员工的电话录音，但前提是所使用的监督装置是合法的。

最后，监控之前给出通告，获得员工许可。只有员工同意了的电子监控方式，才是合法的，因此在管理者招聘新员工时就应该告知，并同员工签订相应合约。

【管理箴言】

总之，对于电子监控，关键在于企业和员工之间确立恰当的界限，并且确保双方的正当权利得到保护。如果管理者能够就监督行为给员工一个出于工作的合理解释，员工更愿意把它当作工作规定去遵守。企业对员工监控前，也应该制定一个合理政策，并有选择性地监控。虽然电子监控一定程度上侵犯了员工隐私，但是在合适的范围内、在彼此达成协议的前提条件下，电子监控仍然不失为一种有效的监控手段。当然，这并不是最好的管理方式，管理者还需要从管理制度、激励机制等角度管理员工，以德服人、以理动人，从根本上发挥员工的主观能动性。

8. 抓好授权后的追踪工作

有效的授权能够充分发挥下属的能力，也是管理者展现自己才能的最好方式。有效授权是建立在彼此信任的基础上，但只有信任是不够的，还需要管理者抓好授权后的追踪工作，运用有效的监控手段，这样才能有利于员工有效地完成任务。

对于企业管理者而言，最重要的不是你在公司里的情况，而是你不在公司时，公司发生了什么。身为管理者总是身兼重任，不能随时在公司管理一切事务，因此授权显得尤为重要。授权是提高工作效率和技能的重要途径，也是管理者对员工的支持和信任的体现。但是授权后，不等于就高枕无忧，可以置之不理、不闻不问了。企业管理者还要随时抓好授权后的追踪工作，这样授权的价值才能得到体现，做到有效授权。

有个企业的老板，在企业发展到一定规模后，对一些有能力的下属进行授权，然后就开始做自己喜爱的事情，如钓鱼、打高尔夫等，几乎每天都不在公司。但是奇怪的是，公司一切运转正常，并且业务蒸蒸日上，一切发展顺利。这是怎么回事？原来，他在做自己喜爱的事情的同时，并没有对公司的事务置之不理。每天下班后，他都指定公司的各部门管理者到自己的家里吃饭，在轻松愉快的谈话中，这个老板就了解到公司每天运营的情况、业务进展的进度以及公司的人事状况等，并及时采取相应的措施调整，这才有了公司的稳定发展。

有效的授权是让员工拥有自主权，好像自己成了公司的老板一样。但是对企业管理者来说，授权并不是你授权后什么都不理，你必须做好授权后的追踪工作，随时监督被授权员工的工作力度，遇到问题及时纠正，绝对不能坐视不理，那样就容易令公司蒙受损失。

克里斯·高尔文是摩托罗拉的创始者保罗·高尔文的孙子，也是大家公认的谦逊、宽厚的人。1977 年，他成为摩托罗拉的总裁，他认为公司各方面状况已经很成熟，决定放手，授权给高阶层领导，让他们自由发挥。然而进入 21 世纪后，摩托罗拉的股值、市场占有率接连下跌，在 2001 年第一季度，摩托罗拉创下十五年来亏损最为严重的纪录。美国《商业周刊》给高尔文打分，认为他在管理、产品和创新上都不合格，在对股东的贡献上的分数则更低。

正是由于高尔文的过分授权，没有做好授权后的追踪工作，所以不能及时掌握公司的经营状况：他一个月才和高管开一次会，在给员工的邮件里，也都谈的是如何平衡工作和生活的事情。因为高尔文的放手不理，导致公司越来越失去活力，最后企业内部变成了庞大的官僚体系。原来摩托罗拉有六个事业单位，每个经理人负责各自的盈亏。而由于科技聚合，导致产品之间界限模糊。于是摩托罗拉进行了改组，把所有的事业结合在一个大伞下。结果，整个企业成了金字塔形的管理体系，高管监管不力，就容易出现问题。

后来，高尔文及时认识到事态严重，了解清楚公司状况后，辞退了首席运营官，重新整改组织结构，让六个事业单位直接向他报告，并且每周都和高管开会，了解公司情况。高尔文改变了自己“老好人”的状态，对授权后的高管强力追踪监督，最后终于力挽狂澜，让企业逐步回到正轨。

不去管被授权的下属，这并不能表明对员工的信任，管理者在授权后一定要注意员工忽视的地方，做一个认真负责的老板。不仅要充分授权，同时也要做好授权后的管理，给予员工一定的指导。

真正有效的授权，并不是授权后就不闻不问，最高明的授权是给予下属一定权力的同时，还不能给他们一种位高权重、一切唯“我”是瞻的感觉。

【管理箴言】

在授权后，管理者要做到强调结果，而不要过多地注重过程，让下属充分发挥权力的同时，也要对下属的权力有所牵制。在员工遇到问题时，及时帮助他们找到解决问题的办法，做一个支持者，而不是指挥者。

9. 走出绩效考核的误区

绩效考核的方法选择要考虑方法的可行性、实用性，也要根据不同企业的规模、经营模式、管理架构、企业文化、岗位设置等特点，选择合适的考核方法。考核结果的运用要直接体现绩效考核的目的，科学合理地运用考核结果，能够有效地引导员工朝着绩效考核目标努力，形成一个积极向上的合力，推进企业的发展。

绩效管理一直深受企业管理者的喜爱，被管理学家誉为管理者的圣杯。就因为它的普遍应用，很多企业管理者认为绩效管理是很简单的工作。客观地说，绩效管理的确能给管理者带来很大便利，通过绩效管理，不少企业提升了自己的管理竞争能力。但是我们也应该承认，绩效管理是一柄“双刃剑”，用得好，能最大限度地激发员工的热情，挖掘员工的潜力，相反，如果用得不好，就会挫伤员工的积极性，给企业发展带来消极的影响。如果我们意识不到这一点，那么对我们的管理工作是十分不利的。比如下面这个事例：

一个互联网公司为了激励员工，开始在公司内部实施绩效管理。通过各个方面的了解，公司经理信心十足地决定采用被很多企业广泛采用的“月度绩效考核”方法。然而，令经理想不到的是，在实施月度绩效考核的五个月后，没有看到员工的积极性有多大的提高，反而原来积极性很高的员工变得不那么积极了。并且，每个月部门上交的考核结果也基本差不多，甚至有的部门给员工打的分数都一样。不仅如此，整个公司的人际关系也变得很微妙，员工之间不再像原来那么融洽了。经理非常疑惑，大家都说绩效管理有用，为什么自己的公司却取得了反效果呢？

事实上，不只是上面这个经理出现这样的疑惑，不少企业管理者在进行绩效管理时也发生过这样的问题。实际上，绩效考核只是绩效管理的一部分，并不是全部，绩效考核只是对前期工作的总结和对结果的评价。把月度绩效考核当成绩效管理，这本身就是一个误区。

当前，关于企业绩效考核，企业经营者们要特别注意以下几点。

第一，因地制宜，避免盲目地照抄照搬。企业的管理体系必须充分考虑不同企业的特点，不同发展阶段、员工能力、技能以及公司战略目标等。如果不顾企业的自身特点，盲目照抄照搬，沿用其他企业管理实践，只能事与愿违，起到反作用。

第二，绩效考核过于简单化。不少企业者把绩效考核看得很简单，认为考核就是打分数，根据分数给予员工相应的奖金。实际上，绩效考核的目标是多重的，考核结果要广泛运用在员工招聘、培训和晋升上。

第三，忽略绩效反馈。绩效反馈的根本目的是提高员工和企业绩效，建立自己的竞争优势。如果忽略绩效反馈，就会影响企业不断进步。

【管理箴言】

身为企业管理者，一定要注意绩效管理的误区不仅体现在以上几个方面，还体现在很多其他方面，这里就不一一列举了。此外，进行绩效考核时，一定要让每一位员工参与进来，接受企业考核的同时，做到人人平等、共同进步。

公司靠制度打天下

企业靠落实定江山

第九章
大数据时代：养成用数据说话的好习惯

人的感觉和经验总是会出现偏差。无论做什么工作，企业管理者都要学会养成用数据说话的习惯，而不是凭借感觉。用数据说话能够帮助企业管理者了解企业现状，让团队成员获得一种规范、流程化的工作指南。不管是考核员工业绩，还是制订企业的战略发展计划，用数据说话能够帮助管理者做出正确的决定，进而让企业处于良性的发展之中。

1. 数据化管理开启企业的顶尖商业模式

数据化管理不仅是顶尖企业管理者必备的技巧，也是小企业的管理者应该通晓的管理手段。在当今大数据模式的商业环境下，信息就是一切，数据在某种程度上代表着企业利润的来源。因此，企业管理者不仅要学会运用数据化管理，也要用数据模式促进公司制度的落实。

移动互联网时代，人们经常提到：这个世界每个人都有价值，人力资源的任务是如何发现他的价值。把资源变成资本，我们知道资源是要充分利用、挖掘的，资本是可以带来回报的。所以，有一句话很重要："除了上帝，任何人都必须拿数据来说话。"

我们经常能在电视或者报纸上看到很多关于优秀企业的制度、管理方法等。但是其实我们看到的并不是他们最关键的成功因素，这些顶尖企业的成功秘诀是这些制度建立的基础，也就是数据。这些顶尖企业的管理者运用数据的客观表达已经成为他们的惯性思维。他们的一切决策都是建立在数据之上的。对市场未来的预测和评估，也都是建立在数据化的科学方法基础上的，比如沃尔玛的管理模式。

沃尔玛就非常注重客户满意度，要求员工在 3 米之内就要对客户微笑，露出 8 颗牙齿。但是很多人还不知道，沃尔玛的核心管理经验中还有一个是科学的数据化管理，旨在充分用数据来分析和解决问题。他们会根据每天的报表统计和分析，随时关注数据的变化。比如每天超市 7 点开门，9 点所有的数据汇总，经理会通过数据报表来观察超市各种商品的比例。如食用油、肉类和蔬菜的正常比例是 1:8:10，如果这个比例不正常，可能就是某个商品出现异常情况了。经理会立刻询问是什么商品出了问题，并查明原因。一旦找到原因，就可以对症下药，解决问题。

如果没有数据，经理只是凭借经验和主观臆断，就只能看到员工忙忙碌碌，顾客兴致勃勃地采购，一切看起来很顺利，却无法发现实质问题。

因此，用数据说话，不只应该成为沃尔玛这样的顶尖企业管理者的思维模式，还应该成为所有管理者的思维模式。

用数据说话的作用就是把问题精准地拆开，找出问题所在，然后完美地还原。企业管理者通过把管理制度以数据化的模式表现出来，就可以把工作分析得更加彻底、透彻，目标的制定也会更加清晰、具体。

【管理箴言】

企业的规模越大，需要的管理就应该更加客观、直接。而数据化是最客观、直接的表达。因为人的感觉会出现偏差，一定要用数据的表现方式来观察企业运营情况，进行市场预测，以及对员工进行有效的评估和管理。只有这样做，才能在激烈的竞争中及时把握住机遇。

2. 制度离不开表格管理

掌握表格管理的技能是每个企业管理者必须具备的，熟练运用表格管理的程度，很大程度上决定了你掌握公司经济情况的程度。企业管理者不仅要学会利用表格、读懂表格，更要学会用表格管理的方式促进公司制度有效落实，掌握企业发展情况，做好企业发展方向的领路者。深根固本方能枝繁叶茂，方能果实累累。任何希望出类拔萃的企业，都必须建立健全各种管理制度，设计完善各种管理表格。

企业制度包括生产制度、销售制度、财务制度、行政制度等众多的形式，而这些制度最客观地反映在表格中，这样就会更加一目了然，简单易懂。可以说，企业管理问题，实际就是以系统的方式，解决一连串相关问题的过程，如果有一个细节出现问题，表格就起不到作用。有些企业管理者为了制表格而制表格，走形式主义，表格制定出来却形同虚设。

一家化妆品企业的销售管理部就曾经发生过这样一件事：由于缺乏对市场人员的有效管理和监控，这个化妆品企业的销售人员常常不能有效贯彻企业的营销政策，甚至站在经销商的立场，向企业要政策、谈条件。企业管理者十分头疼，虽然更换了好几次销售管理部的经理人选，但结果都不理想。新上任的销售部经理经过几个月的市场考察，根据以往的销售管理经验，认为这是由于企业与销售人员之间长期缺乏有效沟通造成的，销售管理部与市场人员之间缺乏科学的汇报机制和管理措施。于是，这个经理制定了一套市场人员管理制度，还设计了一整套销售管理表格，这套表格包括市场人员周工作汇报表、走访客户月汇总表、区域销售情况月汇总表以及月度市场调研报告等，经理还把市场人员的工作汇报频率由原来的每月两次改成每周一次。经理考虑到市场人员的工作强度和以往的习惯，在制度实施之前，对市场人员进行了培训，强调这个表格制度的目的是帮助市场人员更好地成长，所以一定要认真对待，并及时填报好以上几份表格。总经理也在培训会上强调了表格管理的重要性。在制度最初实施的几个星期之内，经过销售部文员的催促，大部分市场人员都能按时填好表格并通过传真或电邮的方式递交给销售管理部。但是没过多久，就开始有一些市场人员以种种理由推迟递交工作表格，有的说工作太忙，无法填写这么多表格，还有的说经销商十分反感导致某些数据无法获得，还有的人说费用太高等。此外，在实施表格管理的这段时间，因为销售管理部人手不够，不能及时将市场人员的工作汇报表格有效汇总，数量骤多的传真和打印文件反而占用了销售管理部大量的空间。而此时，销售部经理又因为准备新市场开发而无暇顾及，于是销售管理实际上又走上了公司以前的老路，这套表格形同虚设。

这样的例子不止发生在销售管理上，很多企业管理者都面临同样的问题。避免表格管理走上形式主义，管理者就要做好制度管理中的运用，避免复杂空泛的表格浪费企业资源。

那么，企业管理者如何设计表格才能避免形式主义呢？设计表格要考虑到企业的发展阶段、企业的需要、市场人员的素质、工作强度以及项目的科学性等因素。企业在不同的发展阶段需要了解不同的企业信息，需要采取不同的市场管理制度，因此管理表格就要根据企业的发展阶段来设计。

【管理箴言】

管理者想要将制度落实到位，就离不开表格管理的问题。制度表格的制定，使企业员工的管理有章可循，提高工作效率和员工责任感。管理制度和管理表格把企业面对的大量管理工作规范化、标准化，使烦琐变得简单，使杂乱变得有序，为企业在激烈的市场竞争中生存和发展奠定坚实的基础。

3. 用工作进度表鼓舞干劲

工作总是千头万绪，因此员工需要认识到做出合理计划的重要性。工作要有计划，做起来才能有条理，时间就会变得充足，效率才会提高。工作吃力的真正原因通常是没有计划，很可能被不在计划之内的事情缠身，而该做的事情却做不完。如果有计划，那么每时每刻都知道需要做什么事。

如果一个员工不了解自己的工作进度，不清楚自己取得的工作成绩，那么他再积极努力，都是徒劳的，他会很容易失去干劲，变得庸碌散漫。相反，如果员工能够随时随地清楚地知道自己工作的进度，了解工作的情况和取得的成就，就很容易提高自己的工作效率。因此，制作员工工作进度表显得尤为重要。就是把员工的工作以数据的形式表现出来，并且制作成表格。

把员工的工作进度制作成表格并不简单，比如学习游泳时，给自己规定第一天游 50 米，第二天游 80 米，以此推进，可以简单地得到成果。但是运用在工作上，除了那些机械、简单的工作之外，通常很难用客观的数字表达出复杂的工作成果。特别是一些严密精确的高层次工作，层次越高，就越难以用数字表达。

比如，一个必须经过十几年的时间才能完成的艰难的研究工作，它所取得的成绩是一点点积累的。也就是说，这样的工作很难在短时间内看到成绩，而它的成绩更加难以用数字表达出来。

曾经有一位企业管理者在准备会计师考试时，制作了一张工作进度表来鼓励自己。他制作的工作进度表，是用A4大小的纸张做成的填充式的表格，并且把纸张分成了八段，每一段的左边分别写上了七个考试的科目，最后一栏写的是总分。并且把每一科目的横栏又分别一格格的划分成若干的小项目。每当进度达成的时候，就用红色的签字笔把小格填满，这样一格格逐层递进。

用这样的方式，这个管理者能够一目了然地看清自己的任务进程。并且能够激发自己使出更多的精力，投入到任务中去，提升自己的工作效率。

实际上，无数的经验表明，这种红色签字笔制作成的工作进度表是最能达到效果的。因为红色最为显眼，能够刺激人的视觉，并且代表了一种旺盛的冲劲。如果换成了黑色或蓝色，就显得沉闷了许多，效果也不如红色理想。另外，在填写这种表格时，你还会有一种快感，每填满一格，就会品尝到每次胜利带来的成就感，于是就越战越勇，冲劲十足。

制作工作进度表，就能把工作有效地分配清楚，循序渐进，安排好一天工作的轻重缓急，进而提升工作效率、

【管理箴言】

企业的成功人士都清楚怎么按步骤、时间分配每天的工作。工作进度表对一个优秀的管理者来说是必不可少的，也是高效率的员工必备的工具。制定工作进度表，并按照计划完成它，就能让你做起事来事半功倍。不管是企业管理者还是员工，都应该善加运用，合理安排自己的工作，让自己用有限的时间做出最大的成绩，这样，你离成功也会越来越近。

4. 如何对员工进行量化评估

在对员工进行量化评估时，管理者一定要考虑到一种情况。就是对员工的评价是否客观，如果评价不够客观，可能就会影响到员工的工作情绪。比如，有些管理者把员工工资分成两份，一份直接发到员工手里，另一份由经理按照员工的表现和对员工的评价发放。管理者本意是鼓励那些贡献不多的员工积极工作，但是结果却引起了员工的强烈不满，抱怨不断，甚至消极怠工，更谈不上贡献了。管理者这种做法等于失去了考核的意义。

那么，为了避免对员工的评价不够客观，管理者有必要在评价时加入定量的标准。如果管理者想考核员工工作是否积极，可以在考核的时候用数据把员工的积极性这一条表现出来。

比如，员工的积极性可以表现在以下几个方面：

(1) 是否工作守时，早来晚走。

(2) 是否主动承担工作职责之外的任务。

(3) 是否工作业绩良好，且对工作没有怨言。

(4) 是否对公司有建设性的建议，且有突出的贡献。

接下来，就可以按照积极的程度，给员工打分。满分是 100 分，然后可以具体规定 100 分的表现是如何，90 分的表现是如何，80 分的表现是如何，等等。管理者有了具体的标准，就能够在打分时有所依据，客观真实，有说服力。

还是以积极性为例。

100 分：没有迟到早退现象，能够积极主动地完成本职工作，并且会承担额外的工作。

90 分：偶尔有迟到早退现象，能够主动完成本职工作，一年请假次数不超过两次。

80 分：偶尔有迟到早退现象，经过提醒能够完成本职工作，偶尔有怨言。

70 分：出现迟到早退现象，对工作有影响，基本能完成本职工作，经常有怨言。一年请假次数超过 10 次。

可见，把具体的评价标准列举出来，并拟成以数字打分的形式，评价者打分就更加容易了。

管理者在给员工打分时要注意，为避免考核一段时间后出现“平均化”的现象，可以选择由多个人共同进行评价，而不是一个人评价。建议直接老板的权重比例为 40%，这样可以凸显老板的权力，接下来隔级高层老板可以有 2~3 人参与，占权重比的 30%，这样可以评价得更加全面，剩下的 30%权重比可以由同级的老板或者同事来评价。

比如，微软公司对软件人员的绩效考核每半年进行一次，先由员工自己为这半年来的业绩做一个评估，打一个分数，然后放到网上，等待部门经理签字、打分。没有经过部门经理打分、签字的信息呈红色。等到经理打完分后，如果员工认为经理的评价比较符合事实，再进行最后的确认，确认后信息变为绿色，业绩考核的过程就结束了。此外，部门经理打分的同时还要为每位员工制定下半年的目标。如果员工对经理的评价存有异议，便可以拒绝确认，更高层经理及人力资源部的人员看到后，会与员工沟通，直至查到员工拒签的原因。有些知名的 IT 公司已将软件开发人员的绩效评估形成了体系，每年有年度的绩效考核，开发部门有开发成本考核。从每年 12 月开始到第二年 1 月的两个月期间，公司上上下下都认真地做绩效考核，因为晋升调薪需要这个依据。考核完后，经理要跟员工面谈，将考核结果告诉他。考核的关键是评估后的沟通，这比评估更重要。让员工知道他的不足在哪里，优势在哪里，员工自己要提出想法。

【管理箴言】

管理者要明白，评价的结果越清晰、客观，越接近现实，对被评价者各方面的情况的改善和提高，就越能够产生积极的有利影响。

5. 用数据为员工明确方向

目标是员工努力的方向，管理者要想精准无误地传达给员工信息，就要用数量化的思维来对其进行指导，以数据化的方式在企业内部有序传播，这样可以极大地提高企业内部的沟通效率。当企业有了完整的数据系统，就能依据数据解决很多决策性难题，有效地提高工作效率。

管理者在交给员工任务时，总是会设定一个目标，这个目标就是员工努力的方向。但是如果管理者只是简单的一句“把这个工作做好”，而没有任何具体的指量，那么员工就很容易失去方向。因为简单的一句“做好”包含的含义很多，也非常抽象，如果员工的悟性不高，就很难领会老板的意图。即使有悟性的员工，也大多通过经验揣测和琢磨老板的想法，但是揣测是很容易出现偏差的。

在制定目标时，管理者经常会用到 SMART 原则，M 是指可度量，也就是绩效目标是数量化的，验证这些绩效指标的数据和信息是能获得的。在很多企业管理中，M 往往是最不被注意的一项。我们经常听到企业管理者说

“尽快做好”“尽最大努力”之类的话，实际这些都不是科学的表达方式。对员工来说，“尽快做好”，到底多久才算尽快，员工和管理者对此都有不同的解释。而管理者传达的意思不够清晰、明确，就会导致结果令管理者非常不满，而员工也会心有不甘。

但是如果管理者用数据来表达自己要传达给员工的意思，状况就完全不同了。比如，管理者要对员工进行培训，就可以按照下面的数量化方式进行。

（1）定位目标人群：在公司5年以上的老员工。

（2）培训时间：一个月。

（3）进一步培训：在去年做过三次培训的基础上进行新的巩固培训，但内容要不同，比如沟通技巧方面或者销售技巧方面。

（4）结果衡量：培训满意度的调查评估要达到平均80分以上。

（5）责任人：明确职责和负责实施的人员。

如此一来，培训就变得条理清晰、目标明确了。可见，在企业管理中，绩效考核、工作考核、培训考核等，都不能简单地用一些形容词一概而论，而应该用客观、直接、可度量的数据来表达清楚。

【管理箴言】

任何顶尖的企业管理者，都必须学会在工作中运用数量化的思维方式指导员工工作，并将这种思维方式贯彻融入进整个企业文化中去。

6. 数据模式让企业放心对员工授权

很多企业管理者一提到授权就头疼。他们害怕企业出现“一收就死，一放就乱”的现象。害怕授权让企业变成一盘散沙，也害怕不授权，企业就无法跟不断变化的市场接轨。而开启数据模式就能够很好地解决这个问题。

数据模式下，企业管理者可以放心把权力交给可以直接接触到客户的一线员工手里。企业的决策也将由自上而下转为自下而上，市场数据为企业提供更多的支持。

比如海尔独创的“人单合一”模式，是让海尔在全球市场上取胜的决策模式，每个员工都是先从市场直接获取订单，工厂根据订单制造，然后根据订单发货。在海尔的“人单合一”的模式里，“人”指的是员工，“单”指的是订单、市场目标以及用户等。企业成功发展的关键因素就是用户，而一线员工在同客户接触时，俨然成为企业的信息终端。依靠这些一线的员工，企业能够第一时间了解客户的信息，掌握客户的需求，且投入更多的资源去支撑一线员工，以满足客户的各种需求。曾经是企业影响客户，现在是客户、员工影响企业。而之所以能构成这样透明、高效的系统，全面的数据信息起到了很大的作用。海尔用扁平式的销售模式，直接关注县级客户，并且做到每个经营体在面对客户时采取“自组织、自驱动”的模式，使得一线员工的创造力、能动性得到了极大的提高。海尔的管理者从指挥者变成了支持者，他们为员工服务，进而满足客户的需求。

这样的企业模式下，企业发展的步伐会自动加快。曾经，企业是由上而下传达信息，员工多为被动地接受管理者的工作，现在，在客户的牵引下，每个员工都在不断获取客户信息的过程里，调整和改善自己的产品、服务，让企业充分授权，进而在不断适应客户的过程中快速发展。企业家只要作为一个引路人，企业就能够很好地走上自我发展、实现自我超越的道路。

【管理箴言】

企业发展需要员工的努力，数据化模式令企业内外形成一种有序、高效的工作方式，依靠数据信息的决策体系，重视员工的力量，让每一位一线员工成为企业的“管理者”，进而提高企业的效益，这样的方式值得很多企业管理者参考和实践。

公司靠制度打天下

企业靠落实定江山

第十章
高效执行：没有速度的落实就是空谈

制度建立好，如果迟迟得不到落实，就会变成一纸空谈。制度落实不到位，一个重要的原因就是人拖延，做事缺乏效率，没有速度。因此，制度一旦建立，就要立即执行，保证落实到位，保证企业的高效。对于管理者来说，抓住了落实，就等于为完美地完成工作打下了基础。企业的任何岗位都存在工作是否能落实，以及落实是否到位的问题。不论是管理者还是企业员工，如果能以落实工作为标准，就没有干不好的工作。而落实拼的是速度和效率，意识到这一点，很多工作就等于成功完成了一半。

1. 落实拼的是速度和效率

落实是工作做到位的基础，但是很多老板喜欢把落实工作放在嘴边、会议中和报告里，而不去积极行动。这样的落实是无效的。落实也讲求速度，要保证效率。从字面意义上讲，“落实”是个动词，是做出来的，不是想出来、说出来的。在企业竞争中，落实就是一场竞技比赛，拼的是速度和效率。

为什么说拼的是速度？市场瞬息万变，机遇常常可遇不可求。工作有了一定的把握，就应该当机立断，迅猛出击。对于一个企业来说，本身追求的就是盈利，而时间恰恰就是盈利的关键因素，只有在很短的时间内完成所要完成的任务，才能赚取更多的利润。

乔治亚企业是一家成功的健身器材公司。在乔治亚企业当老板的麦克·桑德斯说：“我每天进办公室的第一件事就是看收件箱，然后把所有文件按照重要性、难易度归类。给自己规定每一件事情完成的时间，尽量在规定的时间里完成每一件事。这样做后，我发现我的工作完成得比预期还多。”给自己的每一件工作限定时间，工作质量可能因此而改善。我们的目标应该是做得更快、更好。优秀的跨栏选手绝不会因为追求速度而撞到栏杆。

为什么说拼的是效率？管理的终极目标就是效率。没有效率的落实是无效的。注重效率才有竞争意识。比如一场竞赛里，有人一马当先，有人亦步亦趋地跟在其后，丝毫不敢懈怠。在最后的冲刺阶段，又需要同时发力冲刺，奋力前进，只有优秀的人才能在角逐中赢得最后的胜利。

同样，在企业竞争里，如果没有势均力敌的竞争者，就没有办法激励自己创造优秀的成绩。体现在团队管理中，不论是由上而下，还是由下而上，如果步调很慢，就会落后于人。假设你现在请助理过来，交给他一堆文件复印，他看到的是身为老板的你，斜依在椅背上，双脚搭在办公桌上，手里玩着手机游戏。想想看，他自然也觉得复印文件并不着急，把文件往桌上一堆，径自喝着咖啡。他为什么要拼命工作？老板都如此散漫，做下属的当然要追随老板的步伐！老板如果做事果断脆落，做事有效率，员工自然受到感染，不会怠慢工作，工作效率也会大大提升，工作落实也会更到位。

【管理箴言】

落实不是一句空话。行动只有以成果为导向，才能保证结果和目标的一致。落实也要有严格的时间要求，保证效率和质量。一旦失去了限制，落实也会变得毫无意义。总之，落实是高效率的最终结果。追求高速度和高效率就是追求高成果，产出高价值。

2. 高效执行力是沟通出来的

建立员工良好的沟通渠道，做到无障碍的交流，对企业管理者来说是一件十分有利的事情。它可以帮助管理者更好地管理员工，也能促使员工更加卖力地为企业工作。

我们在谈论员工如何拥有高效执行力的时候，有没有想过，企业的执行力从何而来？可能有人认为，执行力是监督出来的，是强调出来的！事实上，执行力是管理出来的。从思想上指导，从行为上加强管理，让大家步伐一致。

我们大家都知道，任何企业都是由人构成的整体，形形色色的人组成了一个复杂的小社会，而支撑这些人之间良好交流，维持良好交际的途径就是沟通。不论上级与下级还是下级之间，有效沟通都非常重要，但实际过程中，很多人在工作中无法做到有效沟通，严重的甚至会给公司造成巨大损失。

比如下面这个例子：

国家实施西部大开发后，一家公司决定在西部拓展市场，成立了一家营销分公司。为了保证货款及时回流，资金运行通畅，公司把市场目标锁定在信誉好、资金雄厚的大企业上。然而在分公司经理开拓市场时发现，他们无法从西部的大企业下手，因为这些公司都已经有固定的合作企业，不想使用他们不熟悉的新产品。经理经过很多努力，才有几家小公司勉为其难同他合作。但是小公司资金少，总出现拖欠回款的现象，很多欠款公司收不回来，而这位经理没有向总公司汇报。总公司派副总连夜赶到公司，发现了很多死账、欠账的问题，非常生气，指责他说："公司的计划本来是那些信誉好的大公司，你却私自改变计划，跟小企业合作，却不向公司汇报？"分公司经理有苦难言，被就地免职。而公司对欠债严重的企业诉诸法律，才收回一部分欠款，而公司开拓西部的计划也流产了。

显然，如果当初分公司经理能够及时跟总公司汇报不得不开拓小企业的计划，就不会造成今天无法挽回的损失。因此，在执行的过程中，管理者一定要与下级部门沟通到位，这样才会避免执行方向出现偏差。

沟通是提升执行力的一个重要方式。很多执行不到位的地方都和沟通不畅有关联。沟通不到位常常会导致彼此之间缺乏信任，进而阻碍策略的完成。如果管理者不能对员工做到有效沟通，下属员工就无法准确理解上级的意思，也就很难把事情做得顺利，工作也会出现障碍。

那么，怎样做到跟员工之间的有效沟通呢？

第一，积极聆听员工的心声。沟通是双向的，不能只是管理者说，也要倾听员工的意愿。当员工发表自己的意愿时，认真聆听，当听到跟自己的意见不符的观点时，不要急于表达意见，这样很可能漏掉剩下的信息。应该积极听完员工的意愿，然后再表达自己的观点。

第二，尽量做到直接沟通。在与员工沟通时，尽量减少传递话语的沟通方式，而是直接跟员工沟通。越是高级别的管理者，越要注意跟员工直接沟通，这样能够保证沟通的质量，也能充分了解员工心理，让其发挥自己的能力，完成自己应该做的工作。

第三，及时让员工对沟通内容进行反馈。在沟通后，管理者应该及时让员工对谈话内容做出反馈。比如传递一项工作后，立刻问："明白我的意思了吗？"同时让员工再重复一下自己交代的任务。如果员工能复述准确，说明沟通有效，如果员工对自己意图的理解出现偏差，就要及时纠正错误。

【管理箴言】

管理者主动跟员工沟通能够大幅提升执行力。很多执行上的困难都跟沟通不畅有关系。沟通不畅会导致信任的缺乏，阻碍工作的完成。对企业和员工的了解是保证执行力的前提，而员工是工作有效进行的基础，只有对自己的员工充分了解，才能架设起提高执行力的桥梁。

3. 快速行动是成败关键

工作中的诸多任务都是可以完成的，也没有什么可怕的。所以没必要在这些问题上浪费时间。你最应该关注的仅仅是马上开始行动，马上行动能让你斩获先机，也能带你走向成功。

同样一件事，一个人要花七天时间完成，另外一个人要花一个月时间完成。如果你是公司老板，你会选择哪一个人为你工作？对这个问题，微软公司总裁史蒂夫·鲍尔默给出了答案："只有快速行动，才能保证工作更好地执行。"

为什么要强调快速行动呢？看一些反面例子：当有人做好产品的准备工作，还没来得及上市，就发现已经有同类产品占领了市场大部分份额；当科研人员刚攻破了技术难题，就发现已经有竞争对手率先推出了同类产品；当企业管理者准备联手开发具有极大潜力的新产品，却发现已经有同类产品的宣传广告了……诸如此类的事件还有很多。

所以说，速度很大程度上决定了你的输赢。现代经济市场规律要求一切讲求速度。谁抓住了速度，谁就走在了时代的前端。没有了速度，即使你拥有高端技术，拥有合适的商机，也是徒劳。一项计划如果不能马上付诸实现，就可能会被搁浅。时间越久，可能出现的不利因素就越多，比如市场形势变化对计划产生不利影响，竞争对手从中介入，让预期目标变得更遥远。另外，一项计划耽搁的时间越长，所付出的成本就越大，获得的效益就会越少。因此，一旦确定了计划，就要抓紧时间执行。

20 世纪 80 年代，美国莲花公司研制出软件“莲花 1–2–3”后，乘胜追击，开发了“爵士乐”软件。比尔·盖茨经过研究和比较，分析出“莲花 1–2–3”的优劣势，决定赶超“莲花 1–2–3”，推出了世界上速度最快的电子表格软件，定名为“超越”。在整个设计理念中，比尔·盖茨密切关注莲花公司的进程，唯恐被别人后来居上，一再加快“超越”的研制步伐。最后，在研制人员的共同努力下，“超越”推出的时间比“爵士乐”早了一个月。正是这一个月，决定了“爵士乐”的命运。当年的市场报告得出的结果是，“超越”以 89%的市场占有率远远超出“爵士乐”的销量。

快速行动对于企业来说是如此，对于企业的管理者的作用就更加凸显。身为老板，即使再优秀，如果拖沓散漫，不懂得抓住每分每秒，就可能被对手抢占先机。比如，我们都知道发明电话机的人是贝尔，但是你不知道，还有一个叫格雷的人，当时也在为发明电话机而努力。他们几乎同一时间取得进展，但就是贝尔比格雷早两个小时申请专利，让格雷错失了名誉天下、收获巨大财富的机会。

现代社会瞬息万变，跟时间赛跑，抢占先机，才能成为最后的赢家。世界只会把目光聚集在第一名的身上。尽管残酷，却是事实。

【管理箴言】

每天狂轰滥炸的信息和不断涌入的创新产品，让我们把速度推到了制胜的关键位置。在企业竞争里，跑在最前方，就能一下甩开竞争对手，获得竞争优势。一个再完美的决策，没有速度做保证，只会扼杀在摇篮里。相反，即使决策不够完美，在执行过程中，还能够不断修正。只有快速行动，抓住机遇，才能立于不败之地。

4. 管理效率是最重要的

一个企业最宝贵的资产是时间。对于大多数管理者来说，提高管理效率的标志就是有效地计划和安排他们的时间。解决这个问题，对于搞好管理极为重要。

对于公司老板来说，时间就是金钱，效率就是生命。如果因为时间延误，可能错失良机——或是丢掉一笔订单，或是由于自己的决策晚于对手，从而痛失市场的先机。

那么，管理者如何管理自己，提高管理效率呢？不同的管理者可能有不同的方法。但目的都是在现有资源条件下创造出最佳效益。作为一名优秀的管理者，要想高效地完成企业战略目标和计划，统筹兼顾，就必须合理使用各种资源，其中最重要的就是时间资源。

美国麻省理工学院曾经对 4000 名经理进行调查研究，发现优秀的经理都很善于有效利用时间，把时间消耗降低到最低限度。而现实中，很多管理者整天忙忙碌碌，甚至每天工作超过 12 个小时。即使如此，还是会听到有人抱怨："每天从早忙到晚，公司里的事不但没有减少，反而越来越多，真不知如何下手。”实际上，造成这种状况的原因就是管理者时间分配不合理。

只有合理分配时间，才能有效利用时间。下面几个时间管理方法有助于提高管理者的管理效率：

第一，利用零散的时间。用“分钟”来计算时间的人，比用“小时”来计算时间的人，时间多59倍。著名的海军上将纳尔逊，曾发表过一项令全世界懒汉瞠目结舌的声明：“我的成就归功于一点：我一生中从未浪费过一分钟。利用零散的时间，可从事零碎的工作，例如坐车、等人的时候，就可以学习、思考、阅读、更新工作日程、简短地计划下一个行动等。”

第二，利用节省时间的工具。比如电子邮件、电话、传真、语音系统、电脑等。在使用电话时应开门见山，长话短说，打电话前应先列出讲话要点，以免遗漏。需要向一个以上的人传递信息时，应采用电子邮件，避免重复浪费时间。

第三，有效利用会议的时间。会议之前做好准备，明确开会的目的、意义，不开“糊涂会”。讲话时理论联系实际，重在解决问题，不开传声筒式的“本本会”。权衡轻重，抓重点，不开“扯皮会”。避免“一言堂”，集思广益，发挥民主，不开家长式的“包办会”。

第四，坚持“日清日毕”法则。杜绝拖延，不妨学习海尔的“日清日毕”法。也就是当天的事情，当天就做完。每天列出要完成的任务清单，把当天的工作分目标完成。遇到障碍时，及时想办法解决，而不是扔到一边，还要有一种不做完事情就不下班的精神。今天的事情今天做好，明天的事情今天就打算好，后天的事情今天提前想好，形成做事的良性循环，你会发现，工作效率提高了很多。

【管理箴言】

能否认识时间的价值并合理利用是区分管理者是否具有很高管理效率的标志。善于规划时间的管理者，可利用的时间多，执行能力强，工作效率也高。而那些不善于规划时间的管理者则恰恰相反。

5. 用奖惩制度激发员工执行力

严明的制度，不仅是维护企业整体利益的需要，也是维护员工根本利益的有效手段。因此，奖惩制度是每个企业必不可少的，以奖惩制度激发员工执行力，及时纠正员工错误，工作效率才能提高。

企业的管理之道，跟奖惩分明这条原则是分不开的。为什么这么说？因为奖惩体现了对一个人能力的肯定或否定，激励员工向正确的方向前进，避免错误的选择。一个军队做到赏罚分明，能够提升军队的士气；一个公司做到赏罚分明，能够提升公司的业绩。如果赏罚不分，员工必定会失去信心。

一个石油加工厂里的工人，喜欢钻研技术，结合理论和多年的经验，他总结出一套改进设备、提高石油出油率的方法，并写成提案交给了加工厂的厂长。然而厂长看后，不屑一顾地说："我让你来是帮我做事，不是想这些不切实际的问题。这不是你的本职工作，你还是别浪费时间了。"原本，厂长应该鼓励员工技术创新，并给予有成绩的员工奖励，然而这个厂长不但不给下属奖励，还把积极的下属训斥一顿，导致这个工人辞去工作，转而到另一家加工厂去了。

其实，赏罚是一种手段，用得好能收到非常积极的效果，能够避免企业优秀人才的流失。中国台湾的鸿海精密集团是一家世界五百强企业，董事长郭台铭十分注重对员工的奖惩。有一次，一位经理向郭台铭紧急报告，运往欧洲的货物出了问题，需要这个经理亲自去解决。郭台铭很赞同经理对工作负责的态度，但是也明确地告诉他："机票你要自己出。"后来，事情得到良好解决。在年底时，郭台铭给这位经理发了奖金。

有罚有赏，是郭台铭一贯的用人原则，也为企业树立了良好的标杆。

有些企业管理者喜欢奖励，不喜欢惩罚办事不力的员工，对他们过于迁就。须知，这也是用人大忌。执行能力是淘汰出来的，如果一味迁就，企业整体的执行力就会迟迟得不到提升。很多知名企业，如惠普、高盛、微软等都有一个共同的成功法则，就是在员工的奖惩上，坚持留下优秀的员工，淘汰差劲的员工的准则。比如微软的用人机制就是，每年给员工设置一定比例的淘汰率。员工为了避免自己被淘汰，就争先恐后地工作。虽然这种制度看起来很残酷，但是对微软的发展却十分有利。员工产生危机意识，竞争意识被激发，强烈的执行欲望也大大提升。因为人人都有一种不甘落后的心理，这种竞争势必会使员工拉开差距，进而激发员工的创造力和上进心，为企业带来效益。古语说："生于忧患，死于安乐。"人尚且如此，企业更不例外。如果一个企业没有奖惩制度，员工就像一潭死水，企业也就失去了活力，因循守旧，不思进取，这样的企业迟早会关门。

【管理箴言】

对于企业管理者来说，如何奖惩，标志着一个企业的价值标准，以及以后的发展方向。而对于员工来说，企业对自己的评价和奖励，关系到自己的切身利益、自身的价值以及将来在企业中的发展。执行力是企业完成预期目标的重要保障，而给予有执行力的员工奖励是增强企业整体执行力的重要手段。在企业里建立奖惩制度，让员工居安思危，发掘自己的潜力，这样才能提高自己的执行能力，进而提升企业的凝聚力和竞争力。

6. 绝对服从才有高效执行

没有员工的服从，任何战略目标和企业制度都无法贯彻下去，员工在学会服从的过程中，才能对企业的价值观念、运作方式有更加透彻的了解，这对企业和员工都是十分有益的。

服从是军人的天职。世界上最优秀的军队都强调绝对服从。一支军队没有绝对的服从和执行，就没有强大的战斗力，更谈不上打胜仗。西点军校的教育理念是“没有任何借口”。军校的学员在遇到长官问话时只能回答“报告长官，是”“报告长官，不是”。他们的服从意识体现出一种负责、敬业的态度和完美的执行能力。

毕业于西点军校的里拉在外地执行任务。长官交给他七个任务。寻找某些人，请示上级某项任务，申请一些东西，包括醋酸盐。里拉决心完成全部任务。但事情进展得并不顺利，在完成其他事情后，最后在醋酸盐上遇到了难题。醋酸盐严重缺货。里拉向负责补给的士兵说明各种理由，希望他从仅存的少许存货里给他一点。但补给的士兵不答应。里拉只好一直缠着他。最后他不知是被里拉说服了，还是发现眼前这个人没有其他办法可以摆脱，他终于给了里拉一些醋酸盐。当里拉回去向长官复命的时候，长官没有说什么，但显然很意外里拉把七项任务都完成了。事后里拉回忆说，当时在有限的时间里，根本无暇为做不好事情找借口，只能用每一分每一秒去争取完成任务。

如果里拉不能完成任务，完全可以找一些借口搪塞，但是他坚持服从，想方设法完成任务。在完成任务后，里拉没有得到长官的一句赞赏，但是他不以为意。在他的意识里，完成任务是自己的本分，根本不需要上级的赞赏。

军人需要服从，拒绝借口，国家才有了精锐部队，保证国家的安全。同样，企业员工也需要绝对服从，有不找借口的员工，这样的企业才能走得长远。军人服从命令，军队团结一致，才能够所向披靡。员工服从老板，和谐进取，企业凝聚力才能提高。

任何企业都很重视员工对企业的认可度，员工对企业越认可，对企业的服从性越高。老板是企业的核心精神和经营理念的体现，因此，员工的服从是对老板的一种认可，是对企业的认可，也是对自己能力的认可。

员工只有服从命令，在工作的过程中做到以企业利益为中心，老板的决策才能有效执行，整个团队才能步调一致地做好工作。如果一个员工只顾显露自己的才华，不顾组织，不顾规定，这样的员工再有能力，也得不到团队的认可，只会破坏团队的团结。很难想象一个散漫、毫无组织、毫无纪律的员工会听从老板的指挥，会不打折扣地完成工作。

因此，从本质上说，服从是每一个员工应尽的义务，也是保证高效执行力的前提。

【管理箴言】

员工的服从不能单纯依靠自动自发，也不是单纯依靠企业管理者的监督就能提高，而是需要企业管理者去激励、引导、经营和培养的。一个真正希望做到基业长青的企业，就一定要在做好本职工作的基础上，也能做到激励和引导员工提升自己的执行力。想想看，一个善于激发和提升员工的管理者，何愁企业不会阔步发展?

7. 追求成果，创造收益最大化

高效执行的最终目的是得到我们想要的结果。因此可以说，追求成果是我们高效执行的真正目的。

一个出色的老板应该对结果有强烈的追求。无论这个过程怎样，我们重视的是最后的成果。商场如战场，也要求我们注重对成果的追求。如果能在工作中追求成果，即使再艰难的过程，落实的概率也会很大。

身为老板，一定要给员工树立追求成果的工作理念，想尽一切办法保证工作落实到位，这样才能为公司创造效益。如果因为种种客观的原因而无法落实，我们无能为力，但不能因为我们的悲观想法就主动放弃，那就等于前功尽弃了。

寺庙里有一个老和尚，准备给自己寻找衣钵传人。他有不少虔诚的徒弟，但是到底传给谁却成了一个难题。有一天，老和尚交给徒弟们一个任务——去北河提一桶干净的水回来熬粥。徒弟们跃跃欲试，把这当成师父给他们的测试，纷纷下山北行。然而刚出发不久就被一片荆棘挡住去路。徒弟们束手无策，不知如何是好，犹豫再三，还是无功折返。徒弟们一脸沮丧，只有一个小和尚跟师父坦然相对。师父问其故，只见小和尚从怀里掏出一个苹果，递给师父说："到不了北河提水，但我看到荆棘地旁边有一棵苹果树，就顺手把树上唯一一颗苹果摘下来了。"

后来，这个小和尚成了寺庙的住持。

如果先入为主，把困难看得高于一切，不知变通，结果就是空手而回。而故事里的小和尚即便只拿回一个苹果，总比空手而回好得多，因此得到了老和尚的器重。如果无功而返的徒弟们能够追求结果，就不会出现空手而回的局面。现实工作也是如此，正因为有了预期的结果，工作才变得轻松和明确，应变灵活，行动迅速。过程是为了结果服务的，如果不追求成果，过程便失去了意义，努力再多也是空头支票。

还有一种情况，很多员工对工作总是过于自信，盲目追求完美，但事情往往不是这样。比如，客户答应交给你做一个单子，但是这是不是表示工作已经没有问题了呢？当然不是。即使客户答应了，也有可能因为其他的因素而改变主意。你的竞争对手性价比更好，或者公司因为经济形势影响导致效益下滑，没有足够的资金启动这个项目等。因此，员工跟老板报告工作一定要给最后的成果，只有看到成果，工作才是真正执行到位。否则说得再天花乱坠，也没有任何意义。

【管理箴言】

不以追求成果为导向，工作起来就会散漫、随意，工作效率就会大打折扣。或者只注重工作动机而不看重结果，想到哪就做到哪，走一步算一步，结果往往徒劳无功。

做了不等于做好。追求工作的成果，就要以结果思维为导向，时刻在工作过程中审视自己，检查自己的工作结果，直到做得比预期还要好。我们的目标一定是结果，而过程、方式都是辅助的手段。落实只有一个不变的主题，就是成果，这样才能使效益最大化。

8. 在平凡的岗位上尽好本分

工作没有优劣之分，只要坚守自己的岗位，自动自发地把工作做到位，为自己打好坚实的基础，通往成功的道路就会越来越顺畅。

有一些基层员工总有一种“自卑”的心理。他们认为自己做的工作很平凡、简单，也很琐碎，根本不值一提。因此觉得不值得为之而努力。

这是现实社会中很多企业员工的通病！大学毕业，初出茅庐，容易对人生目标有很大的期许。但是你知不知道，你的期望跟你的工作并不相悖。没有长期积累的工作经验，没有经过磨炼的身手，还想着一步登天？

冬青就是这样一个人。名牌大学毕业，在知名企业工作。雄心勃勃地为自己设立奋斗目标：做比尔·盖茨一样的企业家，然后成为一名普京一样的政治家。为了实现这个远大理想，他避开公司里一切日常琐碎的工作，总想挑战一些他认为有难度、有挑战性的工作。几个月后，他按捺不住，向公司提出做销售工作。在他看来，用优秀的销售业绩才能显示出自己的能力。经理看到他如此有决心，就批准他去了销售部。然而，由于冬青缺少销售经验，又急于求成，做了半年的销售，也没有拿下一单合同。最后，迫于压力，冬青只好辞去了工作。

生活中有很多事情看起来都毫不起眼。但有些时候我们却往往很难做到。其原因就在于，我们都把这些简单的小事看得很容易，漫不经心，当然也就无从改变。其实，“简单”不等于“容易”，只有处处严格要求自己，才能给自己一个满意的结果。比如给车加油，这在我们看来是很简单的一件事情。无非是把油箱打开，管子插进去，加满油再拿出来就行了。但就是这么一件看似简单的事，中国石油的加油站分解出十三个步骤。按照中国石油的统一规定，从顾客进入加油员视野到加完油离去，一共有十三个标准动作，依次是：迎候、引导车辆、开启车门、微笑招呼、礼貌询问、开启油箱、预置、提枪加油、擦车、收枪复位、提示付款、送行、清洁。看着不难，但真正要做好这十三个步骤却相当不容易，因为每个动作都有好多细节。比如当车辆进站时，要求加油员一定要眼疾手快，迅速做出正确的判断，收银员要“唱收”“唱付”，找零时“要双手付给顾客”……这些都是细节的体现，把每一件平凡的小事做好，才能在平凡的岗位上做成大事。

同样，在工作中解决问题、处理事务、策划市场、管理企业，也都不会有什么捷径。所谓的捷径，都是一件件简单的小事堆砌出来的。西方有句名言：“罗马不是一天建成的。”浮躁被扎实所代替，冲动被理智所折服，认识到“布置”不等于“完成”，“简单”不等于“容易”，才是成就大事不可缺少的基础。

没有人能贬低你的价值，关键在于你如何看待自己的工作。《福布斯》杂志的创始人福布斯说过：“做一个一流的卡车司机比一个不入流的经理更光荣，更有满足感。”没有平凡的工作，只有看不起自己工作的人。只要树立积极的工作态度，在工作中尽好本分，再简单的工作也能干出一番事业。

【管理箴言】

在一定的环境下，我们看待问题的方式是有局限性的，必须从事物的内部观察，才能看到其本质。很多工作看起来索然无味，但只有深入其中，才能认识到意义之所在。无论你觉得自己是否幸运，都必须学会从工作本身去理解工作，把工作看成人生的权利和荣耀。

对工作抱有高贵的态度，这种人生真正意义的追求，足以使我们热血沸腾，将我们的灵魂点亮。这种追求已经不仅限于维持生计，而是更高层次上与我们的社会休戚相关，并给予我们的精神世界极大的满足。